Microaprendizajes

La revolución del conocimiento
en pequeñas dosis

Microaprendizajes

La revolución del conocimiento en pequeñas dosis

Pedro Maya Álvarez

© NARCEA, S.A. DE EDICIONES, 2025
Paseo Imperial 53-55. 28005 Madrid. España
www.narceaediciones.es

Imagen de cubierta: Shutterstock

Composición: Montytexto

ISBN papel: 978-84-277-3300-8
ISBN ePdf: 978-84-277-3301-5
ISBN ePub: 978-84-277-3302-2
Depósito legal: M-16526-2025

Impreso en España. Printed in Spain.

La educación es el arte de hacer visibles las cosas invisibles
Jean-François Lyotard

Índice

Introducción

L a tecnología está provocando cambios profundos en la educación, donde los enfoques tradicionales centrados en lo macro (grandes grupos, currículos estandarizados, evaluaciones masivas, etc.), están dando paso a prácticas más personalizadas y centradas en el individuo. Esta transformación representa una respuesta estratégica a las nuevas exigencias del mercado laboral, los cambios sociales y la creciente diversidad del alumnado, reconociendo que cada estudiante presenta necesidades, ritmos de aprendizaje y estilos cognitivos únicos.

En este contexto de transformación, la microformación surge como una respuesta ágil y eficaz a esta rápida evolución tecnológica que está reconfigurando los entornos educativos. Al ofrecer contenidos concisos, permite a los estudiantes* adquirir conocimientos específicos de manera rápida y flexible. Su formato adaptable se alinea perfectamente con las necesidades de aprendizaje personalizadas, facilitando así la adquisición de nuevas habilidades y competencias en un mundo laboral cada vez más dinámico.

El microaprendizaje es una tendencia educativa innovadora que está redefiniendo la forma en que aprendemos. Se caracteriza por dividir la

---

* Para facilitar la lectura, a lo largo del libro se hace uso genérico del masculino para hacer alusión tanto al género masculino como femenino, de acuerdo con las indicaciones más recientes de la Real Academia de la Lengua Española (RAE).

información en pequeñas "píldoras" de conocimiento, fáciles de asimilar y aplicar de forma efectiva. Destaca especialmente por su adaptabilidad, según el ámbito donde se implemente:

- *En la formación corporativa*: imagina aprender a usar un nuevo software con vídeos cortos de 2 minutos, o repasar las normas de seguridad con infografías interactivas.

- *En la educación formal*: los estudiantes pueden repasar o consolidar conceptos mediante cuestionarios interactivos en sus móviles, o aprender vocabulario con tarjetas digitales.

- *En el aprendizaje de idiomas*: aplicaciones como *Duolingo* utilizan el microaprendizaje para enseñar vocabulario y gramática en lecciones cortas y dinámicas.

- *En la capacitación práctica:* vídeos cortos que explican procedimientos específicos, desde cambiar una llanta de un automóvil hasta preparar un plato de cocina.

- *Para potenciar la empleabilidad juvenil:* ayuda a los jóvenes a mejorar sus perfiles profesionales y adaptarse a las demandas del mercado laboral, especialmente en contextos de alto desempleo.

- *Como facilitador de inclusión social*: facilita el acceso a la educación para grupos vulnerables como refugiados e inmigrantes.

- *Como aprendizaje situacional:* se utiliza para el aprendizaje justo a tiempo (*just-in-time learning*), satisfaciendo necesidades formativas que pueden surgir en el entorno laboral.

- *En la formación de adultos*: permite adquirir competencias específicas de forma rápida, respondiendo al deseo de conocimiento de los adultos.

- *Como impulsor de la movilidad educativa:* aprovecha la tecnología móvil para realizar actividades formativas en diferentes contextos y situaciones.

Por todas estas razones, el microaprendizaje resulta ideal para la era digital, donde la atención es limitada y el tiempo es un recurso valioso. Favorece la actualización constante, permitiendo que profesionales y estudiantes se mantengan a la vanguardia y se adapten rápidamente a las innovaciones tecnológicas y metodológicas.

Las tecnologías educativas juegan un papel fundamental en este proceso, proporcionando herramientas que adaptan el aprendizaje mediante contenidos personalizados, retroalimentación inmediata y seguimiento del progreso. Paralelamente, emergen nuevas pedagogías que promueven el aprendizaje activo, colaborativo y basado en proyectos, fomentando la autonomía de los estudiantes mientras requieren un replanteamiento de las metodologías didácticas tradicionales.

Sin embargo, la adopción de estas metodologías de microaprendizaje nos lleva inevitablemente a reconsiderar los modelos pedagógicos tradicionales y los nuevos enfoques que se están aplicando. Los resultados actuales de estas implementaciones no generan consenso entre las partes implicadas de la comunidad educativa, manteniendo muy vivo el debate sobre las alternativas a valorar y considerar.

Ante este panorama cambiante, resulta fundamental diseñar currículos flexibles y adaptados que permitan a los estudiantes desarrollar competencias clave. La colaboración entre instituciones educativas, empresas y gobiernos resulta esencial para construir un futuro educativo más inclusivo, equitativo y preparado para afrontar los desafíos del mundo actual.

Complementando esta evolución pedagógica, los avances en neurociencia, que revelan cómo aprende el cerebro, permiten desarrollar estrategias de enseñanza más efectivas y adaptadas a las características individuales. Esta personalización del aprendizaje trae consigo numerosos beneficios, como una mayor motivación, un mejor rendimiento académico de los estudiantes, un aprendizaje más significativo y el desarrollo de competencias esenciales para las nuevas condiciones sociolaborales.

Sin embargo, a pesar de sus múltiples ventajas, debemos reconocer que la integración tecnológica en la educación también presenta desafíos importantes. Uno de los más preocupantes es la *brecha digital*, caracterizada por un acceso desigual a la tecnología que genera división y dificulta la igualdad de oportunidades educativas. Paralelamente, surge el reto de la *formación docente*, que exige una actualización continua del profesorado para utilizar efectivamente las nuevas tecnologías y metodologías. También encontramos la necesidad de ad*aptación curricular*, los planes de estudio deben flexibilizarse y actualizarse constantemente para responder a las demandas dinámicas del mundo profesional. Asimismo, se hace imprescindible desarrollar mecanismos de *evaluación innovadores* que trasciendan los exámenes tradicionales y valoren adecuadamente las nuevas competencias adquiridas. Por último, la cuestión de i*nfraestructura y acceso equitativo* constituye un pilar importante, siendo urgente garantizar que todos los estudiantes puedan beneficiarse de estos avances tecnológicos.

En este sentido, la tendencia hacia lo "micro" responde a las demandas de una sociedad cada vez más compleja y diversa. Al adaptar la enseñanza a las necesidades individuales, se busca formar ciudadanos más autónomos, críticos y preparados para los retos futuros. En los próximos años, los procesos educativos apuntan a situar al estudiante como centro del sistema. Esta tendencia, aunque presenta desafíos significativos, ofrece grandes oportunidades para mejorar la calidad de la educación y preparar a las nuevas generaciones para un mundo en constante cambio.

Dentro de este proceso de transformación educativa, el rol del docente también está experimentando cambios significativos ante el desarrollo tecnológico. De ser la figura central que transmitía conocimientos de manera homogénea, ahora se convierte en un guía y facilitador del aprendizaje. Su función principal evoluciona hacia el diseño de experiencias de aprendizaje significativas adaptadas a las necesidades e intereses de cada estudiante, reconociendo las individualidades y utilizando estratégicamente la tecnología disponible.

En este nuevo contexto educativo, el docente no solo transmite conocimientos, sino que también debe fomentar la autonomía, la creatividad y el pensamiento crítico de los estudiantes. Se convierte en un mentor que acompaña el proceso de aprendizaje, ofreciendo apoyo emocional y motivacional, mientras desarrolla habilidades para gestionar la diversidad en el aula y promover la colaboración y el trabajo en equipo.

El docente del futuro se perfila como un profesional altamente cualificado, capaz de adaptarse a un entorno educativo cambiante, cuyo rol será fundamental para garantizar que todos los estudiantes alcancen su máximo potencial.

Más allá del ámbito estrictamente académico, la microformación está revolucionando también los entornos corporativos. Casos de éxito como los de *Starbucks* y *Deloitte* demuestran su efectividad al incrementar la productividad y satisfacción laboral mediante cápsulas formativas de 5 a 10 minutos. Según un estudio de la Universidad de Stanford, los empleados son interrumpidos aproximadamente cada 11 minutos, lo que dificulta la asimilación de información en formatos más extensos. En este escenario, la microformación se presenta como una estrategia idónea para favorecer el aprendizaje de manera eficaz y efectiva[1].

A lo largo de este libro, analizaremos en profundidad cómo el microaprendizaje está redefiniendo los procesos formativos, ofreciendo una forma de aprendizaje más flexible y personalizada. Examinaremos detalladamente sus principales características, metodologías, herramientas y aplicaciones. También estudiaremos desde la transformación del rol docente y los nuevos entornos de aprendizaje hasta las técnicas específicas para diseñar microcontenidos efectivos, pasando por estrategias de evaluación adaptadas y la gamificación como herramienta potenciadora.

En definitiva, nuestra intención es proporcionar una guía para todos los profesionales comprometidos con la innovación educativa, ofreciendo tanto fundamentos teóricos como aplicaciones prácticas del microaprendizaje en la era digital.

---

[1] Equipo de edición de Psicosmart (20 de septiembre de 2024). *El impacto de la microformación en la efectividad de la capacitación en cumplimiento normativo dentro de sectores regulados*. https://psicosmart.pro/articulos/articulo-el-impacto-de-la-microformacion-en-la-efectividad-de-la-capacitacion-en-cumplimiento-normativo-dentro-de-sectores-regulados-198682

Capítulo 1

Los cambios
en la educación

1. La educación en la sociedad líquida

La noción de "cultura líquida" ha permeado el ámbito educativo, transformando radicalmente la concepción tradicional de los espacios de aprendizaje. En una sociedad caracterizada por el constante cambio y la flexibilidad, los entornos educativos deben adaptarse para responder eficazmente a las necesidades dinámicas de estudiantes y docentes.

El concepto "sociedad líquida", acuñado por el sociólogo Zygmunt Bauman (2013), hace referencia a una sociedad en constante cambio donde las estructuras sociales se caracterizan por su flexibilidad y transitoriedad. En el contexto educativo, esto implica un rediseño de los espacios de aprendizaje para que puedan adaptarse ágilmente a las necesidades cambiantes de estudiantes y educadores.

Los nuevos espacios educativos influenciados por la cultura líquida se alejan del modelo tradicional de aulas estáticas y compartimentadas, y favorecen ambientes dinámicos y colaborativos que fomentan el intercambio de ideas y el aprendizaje interactivo. Estos espacios están

© NARCEA, S. A. DE EDICIONES

equipados con tecnología avanzada que permite una mayor conexión entre los estudiantes y facilita el acceso a recursos educativos globales, además promueven el desarrollo de habilidades como el pensamiento crítico, la resolución de problemas y la capacidad de adaptarse rápidamente a nuevas situaciones, competencias transversales que se consideran esenciales para desenvolverse con éxito en el siglo XXI.

Esta forma de entender la sociedad está condicionando las reglas de juego en los nuevos espacios educativos hacia ambientes más inclusivos, flexibles y orientados a las necesidades futuras. Este enfoque innovador busca preparar mejor a las generaciones venideras para afrontar los desafíos de un mundo en constante evolución. La adopción de los principios de la sociedad líquida en los espacios educativos busca ser un paso hacia la formación de ciudadanos más críticos y con capacidad de adaptación, capaces de enfrentarse a los desafíos de una realidad cambiante.

La microformación, con sus módulos breves y flexibles, se alinea perfectamente con la dinámica de la sociedad líquida, donde el cambio constante y la adaptabilidad son esenciales. Este enfoque permite un aprendizaje personalizado y a demanda, ofreciendo a los individuos la oportunidad de adquirir competencias clave para desenvolverse en un entorno laboral cada vez más competitivo y cambiante.

En este contexto, la educación líquida, que prioriza la flexibilidad, la adaptabilidad y el aprendizaje continuo, encuentra en la microformación un aliado estratégico. Ambas metodologías comparten una visión común: proporcionar herramientas para el aprendizaje autónomo a lo largo de toda la vida en un mundo caracterizado por la incertidumbre y la evolución permanente. Esta sinergia potencia la capacidad de adaptación frente a las incertidumbres del presente, fomentando un desarrollo profesional ágil y una preparación efectiva para los desafíos futuros.

2. La uberización de la educación

La *uberización* de la educación, entendida como la aplicación del modelo de economía colaborativa a la oferta y demanda de formación, ha generado un profundo debate. Si bien ofrece ventajas como flexibilidad, personalización y acceso a una amplia gama de opciones formativas, también plantea retos significativos. La falta de regulación del sector de la educación puede comprometer la calidad, la equidad y las condiciones laborales de los docentes. El reto fundamental consiste en encontrar un equilibrio que permita aprovechar las ventajas de este modelo innovador, garantizando simultáneamente estándares de calidad, principios de igualdad y mecanismos de protección social para todos los actores involucrados.

El término *uberización*, como señala García González (2023), describe el fenómeno de la economía colaborativa en el que se ofrecen servicios a través de plataformas digitales que conectan directamente a los proveedores con los usuarios finales. Este modelo ha supuesto la modificación de industrias tradicionales al adaptar sus modelos de negocios a las nuevas plataformas que facilitan la prestación de servicios bajo demanda. La denominación deriva del nombre de la empresa *Uber*, compañía que desarrolló una aplicación que permite a los usuarios enviar una solicitud de viaje que luego se enruta a los conductores particulares, quienes utilizan sus propios automóviles para prestar el servicio requerido.

Entre las fortalezas de este modelo se puede destacar la flexibilidad, la accesibilidad y la personalización de la oferta educativa. La uberización permite a los usuarios elegir el tipo, el nivel, el horario y el precio de los servicios formativos que desean recibir, adaptándose a sus necesidades y preferencias. Además, facilita considerablemente el acceso a una variedad de opciones educativas que pueden estar disponibles en cualquier momento y lugar gracias a la tecnología. Por otro lado, la uberización también beneficia a los proveedores de servicios educativos, quienes pueden ofrecer sus conocimientos y habilidades a un público potencialmente más amplio y diverso, sin depender de una institución tradicional o una normativa específica del sector.

Sin embargo, este modelo presenta debilidades significativas como la preocupante falta de estándares de calidad, la precariedad estructural y la desigualdad de las ofertas educativas en un mercado carente de regulación. Asimismo, conlleva una mayor inestabilidad profesional y vulnerabilidad para los proveedores, que deben competir en un mercado saturado y fluctuante, sin contar con una adecuada protección social ni derechos laborales fundamentales. La uberización también puede generar una brecha entre los usuarios que tienen acceso a las plataformas y los que no, así como entre quienes pueden pagar por servicios de mayor calidad y quienes no pueden hacerlo.

Ante esta situación, la uberización de la educación plantea varios retos para los actores involucrados: docentes, estudiantes, instituciones y sociedad en general. Entre estos desafíos destacan los siguientes:

- Garantizar la calidad y el reconocimiento de los aprendizajes adquiridos en entornos no regulados ni acreditados oficialmente.
- Proteger los derechos laborales y profesionales de los docentes que trabajan bajo condiciones de inestabilidad, incertidumbre y alta competencia.
- Fomentar la inclusión y la equidad en el acceso y aprovechamiento de las oportunidades educativas, combatiendo la brecha digital y social.
- Promover una cultura de colaboración, participación y responsabilidad entre los miembros de la comunidad educativa, superando el individualismo y el consumismo.
- Adecuar el marco legal, ético y pedagógico a las nuevas realidades y demandas del contexto social y económico actual.

La inteligencia artificial (Sanz, 2024) y otras tecnologías emergentes tienen el potencial de transformar radicalmente este modelo de uberización educativa, llevando la personalización y la eficiencia a nuevos niveles. Imaginemos plataformas que, gracias a algoritmos inteligentes, adapten contenidos curriculares y ritmos de aprendizaje a las necesidades individuales de cada estudiante, creando así experiencias educativas verdaderamente personalizadas. Además, la implementación de la IA podría optimizar la conexión entre estudiantes y tutores, sugiriendo los emparejamientos más adecuados en función de las habilidades y preferencias de ambos. Tecnologías complementarias como la realidad virtual y aumentada también podrían enriquecer la experiencia de aprendizaje, facilitando simulaciones inmersivas y colaboraciones virtuales a gran escala. No obstante, es fundamental abordar los desafíos que plantea esta transformación tecnológica, como garantizar la calidad educativa, proteger la privacidad de los datos personales y evitar la exacerbación de las desigualdades digitales.

3. La educación 4.0 ¿una realidad?

La educación 4.0 es un concepto que surge en el contexto de la cuarta revolución industrial, caracterizada por la convergencia de tecnologías digitales, físicas y biológicas. Esta noción representa una transformación de los procesos de enseñanza y aprendizaje, donde la microformación emerge como un componente fundamental de esta renovación educativa. La educación 4.0 (Sarrión Moreno, 2022) y la microformación desempeñan un papel destacado en la revolución actual del aprendizaje.

Esta nueva era educativa se caracteriza por la personalización y la integración de tecnologías digitales. La microformación, con sus contenidos cortos, se alinea perfectamente con estos principios al ofrecer módulos de aprendizaje personalizados. La microformación potencia la educación 4.0, permitiendo a los estudiantes adquirir conocimientos de manera más autónoma y eficiente, promoviendo un aprendizaje activo y colaborativo que prepara a los estudiantes para un entorno laboral cada vez más digitalizado y exigente.

La educación 4.0 también supone un cambio en el rol del docente, que pasa de ser un transmisor de conocimientos a convertirse en un facilitador y guía del aprendizaje. Implica también un cambio en el perfil del estudiante, que se convierte en un agente activo, crítico y creativo, protagonista de su propio proceso educativo.

Los objetivos principales de este modelo educativo se centran en preparar a los estudiantes para afrontar los desafíos y oportunidades derivados de la cuarta revolución industrial. Se busca favorecer la adquisición de competencias transversales como el pensamiento crítico, la creatividad, la colaboración, la comunicación y la ciudadanía digital responsable, capacitando a los estudiantes para adaptarse a los cambios constantes y resolver problemas complejos.

Evidentemente, este enfoque también tiene implicaciones en la transformación de los métodos y recursos pedagógicos, incorporando el uso de herramientas innovadoras, como la inteligencia artificial, el internet de las cosas, la realidad aumentada y la impresión 3D para facilitar una experiencia de aprendizaje personalizado e interactivo.

Si bien estos cambios suponen una oportunidad para mejorar la calidad y la equidad de la educación, también plantean desafíos importantes para los sistemas educativos actuales. Por ejemplo:

- Adaptar los currículos y las metodologías a las nuevas demandas del mercado laboral y de la ciudadanía, incorporando competencias transversales como la creatividad, la comunicación, el emprendimiento y la resolución de problemas.

- Formar a los docentes en el uso pedagógico de las tecnologías digitales y en el desarrollo de nuevas estrategias didácticas que favorezcan el aprendizaje activo, autónomo y colaborativo de los estudiantes.

- Dotar a los centros educativos de infraestructura tecnológica adecuada y garantizar el acceso universal a internet y a recursos digitales de calidad para todos los estudiantes, con especial atención a los colectivos más vulnerables y desfavorecidos.

- Promover una cultura de innovación y experimentación en el ámbito educativo, fomentando la participación de todos los actores implicados y creando redes de colaboración entre centros educativos, universidades, empresas y organizaciones sociales.

- Evaluar el impacto de las tecnologías digitales en los procesos de aprendizaje y en el desarrollo integral de los estudiantes, así como en la calidad y la eficiencia de los sistemas educativos.

En este escenario transformador, la microformación se erige como una metodología clave que responde eficazmente a las necesidades de aprendizaje personalizado y flexible propias de la Educación 4.0. Al dividir los contenidos en pequeñas dosis informativas bien diseñadas, la microformación permite a cada estudiante establecer su propio ritmo y enfocarse en temas específicos según sus necesidades. Potenciada por las tecnologías digitales, facilita no solo el acceso inmediato al conocimiento, sino que fomenta la autonomía y la motivación del estudiante, proporcionándole los recursos formativos esenciales para su integración exitosa en el mundo laboral contemporáneo.

4. La comunidad educativa digital

Las comunidades educativas digitales constituyen un entorno ideal para la implementación y el éxito de la microformación, ya que fomentan la colaboración, la personalización y la actualización continua del aprendizaje. Conformadas por docentes, estudiantes, investigadores y otros actores, estas comunidades son un pilar fundamental para el desarrollo educativo actual. Su valor está en la promoción de dinámicas colaborativas, experiencias personalizadas y actualización continua, factores que enriquecen significativamente la experiencia de aprendizaje y contribuyen a la formación de profesionales más competentes y adaptables a los cambios.

Una comunidad educativa digital[1] se define por la interacción y colaboración entre sus miembros, quienes participan en procesos de aprendizaje, enseñanza y desarrollo profesional utilizando diversas herramientas y plataformas digitales. Algunos elementos comunes que configuran estas comunidades (ilustrados en la Figura 1.1) incluyen:

- *Plataformas y herramientas digitales*: sistemas de gestión del aprendizaje (LMS), redes sociales educativas, aplicaciones de videoconferencia, foros de discusión y elementos de gamificación que crean espacios virtuales de interacción.

- *Participantes*: estudiantes, docentes, administradores educativos, familias y otros agentes interesados en el proceso educativo. Todos ellos contribuyen al intercambio de conocimientos, ideas y recursos.

- *Contenido digital*: recursos educativos en formato digital como documentos interactivos, vídeos, presentaciones multimedia y

---

[1] Educación 3.0. (25/03/2025) *Estas son las ventajas de las comunidades digitales de aprendizaje*.
https://www.educaciontrespuntocero.com/opinion/comunidades-digitales-aprendizaje/

simulaciones que constituyen los elementos fundamentales para el aprendizaje en línea.

- *Interacción y colaboración*: comunicación fluida entre los miembros de la comunidad, manifestada en discusiones en foros especializados, sesiones de videoconferencia y comentarios en documentos compartidos.

- *Objetivos educativos comunes*: una comunidad educativa digital tiende a tener objetivos compartidos, como el aprendizaje de competencias específicas, la mejora del rendimiento académico o el desarrollo profesional continuo.

Figura 1.1. *Elementos para una educación digital efectiva y colaborativa*

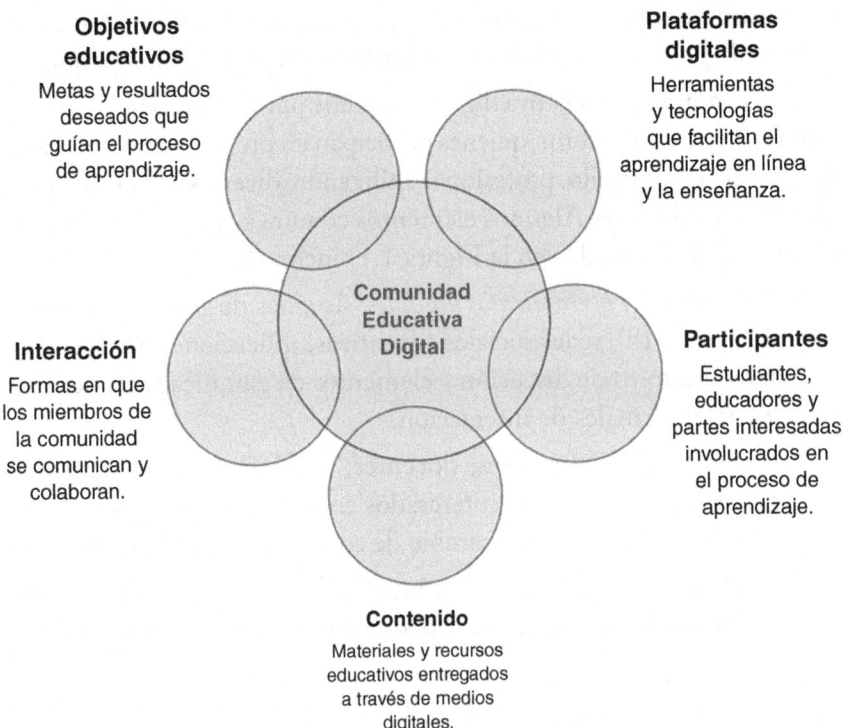

Objetivos educativos
Metas y resultados deseados que guían el proceso de aprendizaje.

Plataformas digitales
Herramientas y tecnologías que facilitan el aprendizaje en línea y la enseñanza.

Comunidad Educativa Digital

Interacción
Formas en que los miembros de la comunidad se comunican y colaboran.

Participantes
Estudiantes, educadores y partes interesadas involucrados en el proceso de aprendizaje.

Contenido
Materiales y recursos educativos entregados a través de medios digitales.

Más allá de estos elementos estructurales, las comunidades educativas digitales se distinguen por características específicas que definen su funcionamiento y potencial pedagógico:

- *Accesibilidad*: la educación digital permite el acceso a la educación en cualquier momento y lugar, eliminando las barreras geográficas y temporales.

- *Flexibilidad*: los participantes pueden acceder al contenido y participar en actividades según su propio horario y ritmo, lo que permite adaptarse a diferentes estilos de aprendizaje y compromisos personales.

- *Diversidad*: las comunidades educativas digitales a menudo incluyen participantes de diversos orígenes, lo que enriquece el intercambio de ideas y experiencias.

- *Personalización*: las herramientas digitales pueden adaptarse para satisfacer las necesidades específicas de los estudiantes, ofreciendo recursos y actividades diferenciadas según sus habilidades, intereses y preferencias individuales de aprendizaje.

- *Colaboración*: el trabajo conjunto entre los miembros es fundamental para el aprendizaje en línea. Se generan sinergias entre participantes de diferentes contextos culturales y profesionales que potencian la construcción colectiva del conocimiento.

Las comunidades educativas digitales, aunque ofrecen un sinfín de oportunidades, también se enfrentan a una serie de retos que deberán abordar en los próximos años:

- *Equidad en el acceso*: garantizar que todos los estudiantes tengan acceso a la tecnología y conectividad adecuadas para participar plenamente en las experiencias educativas digitales.

- *Calidad del contenido y la enseñanza*: garantizar que el contenido digital sea relevante, preciso y efectivo para apoyar al aprendizaje. Además, es necesario capacitar a los docentes en metodologías efectivas de enseñanza en entornos virtuales.

- *Integración con el aprendizaje presencial*: lograr una integración efectiva entre la educación en línea y la presencial, de modo que se aprovechen las fortalezas de cada modalidad y se minimicen las deficiencias.

- *Gestión de la comunidad y el compromiso*: fomentar la participación activa de los miembros de la comunidad, manteniendo su compromiso a largo plazo a través de estrategias de gestión efectivas.

- *Seguridad y privacidad*: proteger la información personal y los datos sensibles de los participantes, así como garantizar un entorno digital seguro.

Las comunidades educativas digitales también ofrecen un potencial inmenso para transformar la educación[2]. Al fomentar la colaboración, la personalización del aprendizaje y el acceso a recursos educativos de calidad, estas comunidades contribuyen a formar profesionales competentes y adaptables. Sin embargo, es fundamental abordar los desafíos relacionados con la equidad, la calidad y la gestión eficiente de estas comunidades para garantizar su éxito a largo plazo.

A diferencia de las comunidades tradicionales, las comunidades digitales se construyen sobre la base de valores compartidos como el aprendizaje colaborativo, la innovación constante, la inclusión social y el acceso abierto al conocimiento. Esta característica facilita que personas de diferentes culturas, idiomas y contextos se unan en torno a un propósito común, lo que enriquece el intercambio de ideas y experiencias formativas. La capacidad de estas comunidades para adaptarse y evolucionar las convierte en espacios dinámicos de aprendizaje continuo.

La ausencia de territorialidad constituye una de las características más distintivas y transformadoras de estas comunidades virtuales. Sus miembros pueden conectarse e interactuar desde cualquier rincón del mundo, superando las limitaciones impuestas por la distancia geográfica y las diferencias horarias. Esta flexibilidad facilita la creación de auténticas redes globales de aprendizaje y proporciona vías y recursos que amplían enormemente las oportunidades formativas.

---

[2] Equipo de Comunicación de Telefónica (04/02/2025). *Beneficios de la educación digital.* https://www.telefonica.com/es/sala-comunicacion/blog/educacion-digital-ventajas/

5. La necesaria redefinición de la educación digital

En los últimos tiempos han surgido voces críticas[3] desde diversos sectores que están cuestionando el modo de educar a la "manera digital", al menos en su implementación hasta el momento. La educación digital está siendo cuestionada por familias, docentes y expertos debido a las brechas y dificultades que se han identificado en su aplicación práctica. Estas críticas han puesto de manifiesto la necesidad de revisar los modelos educativos digitales y los recursos asignados para su desarrollo. Aunque la aplicación generalizada de esta modalidad educativa es relativamente reciente, los primeros datos obtenidos no están siendo del todo satisfactorios. La función de las pantallas en el ámbito educativo deberá ser revisada, especialmente con la aceleración tecnológica en marcha. Un ejemplo claro es la irrupción de la inteligencia artificial, que está removiendo los cimientos de internet hacia un nuevo horizonte o paradigma educativo.

En el sistema educativo actual, según el Dr. Héctor Gardó, citado en el artículo de Helena López (2024) para *El periódico*, se observa la siguiente situación: "por un lado, hay una parte pequeña del profesorado que realmente apuesta por una educación sin tecnología, que no ve beneficios en ella y reivindica una educación sin ningún tipo de pantalla y, en el otro extremo, hay docentes que ya estaban digitalizados antes de la pandemia y han encontrado ese equilibrio tan difícil, donde la tecnología responde a cuestiones pedagógicas, pero son también una minoría".

"En el centro de esa campana de Gauss –continúa Gardó– están la gran mayoría de docentes, que se han visto obligados a introducir la tecnología en el aula de una manera abrupta; primero con la pandemia y, después, por decreto, con los *Fondos Next Generation* EU[4]. Muchos,

---

[3] AGENCIA EFE (20/03/2025). *Madrid eliminará el próximo curso el uso individual de pantallas en colegios.* https://www.elconfidencial.com/espana/madrid/2025-03-20/madrid-eliminara-proximo-curso-uso-pantallas-colegios_4090078/

[4] Los Fondos Next Generation EU es un plan de recuperación puesto en marcha por la Unión Europea para ayudar a reparar los daños económicos y sociales causados por la pandemia del coronavirus. Una iniciativa que persigue de dar soporte económico a

sin experiencia, hacen con las pantallas lo mismo que hacían sin ellas, aportando un valor diferencial muy pequeño y, si a esto le sumas las dinámicas tóxicas, es normal que genere rechazo". Gardó rehúye de "idealizar nostálgicamente lo de antes" y de pintar "un Vietnam digital".

La redefinición de la educación digital es un tema de gran relevancia en la actualidad, especialmente tras los desafíos impuestos por la pandemia y la consecuente aceleración de la transformación tecnológica en entornos formativos. La reflexión sobre este modelo educativo ya no es solo una opción, sino una necesidad imperante que requiere una visión estratégica y adaptativa en la que están participando docentes, alumnado y familias.

El *Plan de Acción de Educación Digital* (2021-2027)[5] de la Unión Europea es un ejemplo de iniciativa política que busca establecer un modelo educativo digital de alta calidad, inclusiva y accesible en Europa. Este plan resalta la importancia de la cooperación a nivel europeo para abordar eficazmente los retos de la era digital y presenta oportunidades concretas para la comunidad educativa y formativa.

Por otro lado, la UNESCO[6] enfatiza el potencial del aprendizaje digital para complementar, enriquecer y transformar la educación, destacando su capacidad para acelerar el avance hacia el Objetivo de Desarrollo Sostenible 4 (ODS 4) centrado en garantizar una educación inclusiva, equitativa y de calidad.

Adicionalmente, se reconoce la necesidad de políticas que garanticen la resiliencia de las instituciones educativas digitales y el desarrollo de competencias digitales entre el profesorado. En España, la revolución digital de la educación refleja los cambios profundos que se están produciendo en la sociedad, promoviendo un sistema educativo más abierto y democrático.

---

los Estados Miembros de la UE a través de créditos e inversiones entre 2021 y 2026.

[5] Es una iniciativa política renovada de la Unión Europea (UE) que establece una visión común de una educación digital de alta calidad, inclusiva y accesible en Europa, https://education.ec.europa.eu/es/focus-topics/digital-education/action-plan

[6] UNESCO (2017). Educación para los Objetivos de Desarrollo Sostenible: objetivos de aprendizaje. https://unesdoc.unesco.org/ark:/48223/pf0000252423

En este contexto, replantear la educación digital implica no solo la evolución de las metodologías docentes y la adecuada integración de tecnologías en el aula, sino también una reflexión sobre el papel del alumnado, la función del docente y la relevancia de las metodologías y recursos empleados en el proceso de enseñanza y aprendizaje. En la Figura 1.2 se muestran los principales desafíos que enfrentan actualmente los sistemas educativos en su proceso de transformación digital.

Figura 1.2. *Análisis DAFO sobre los desafíos para los sistemas educativos*

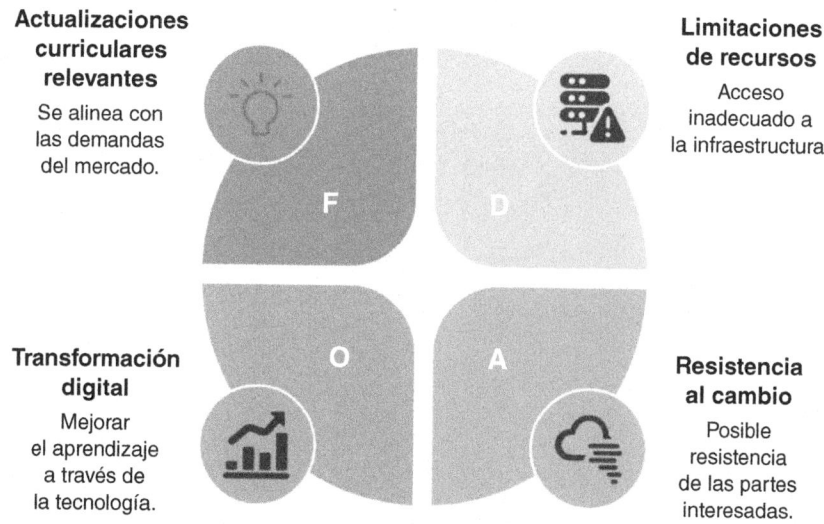

La redefinición de la educación digital debe considerar aspectos como la equidad en el acceso a recursos tecnológicos, la capacitación continua del docente y la creación de contenidos educativos digitales que sean éticos y responsables. Este proceso transformador constituye, en definitiva, un itinerario continuo que requiere evaluación y ajustes periódicos para responder a las necesidades cambiantes de la sociedad y preparar a los estudiantes para un futuro cada vez más digitalizado.

Capítulo 2

Las bases del microaprendizaje

1. Neurociencia y microaprendizaje

La neurociencia y el microaprendizaje convergen en un punto clave: la optimización del proceso de aprendizaje. Mientras la primera explora cómo funciona el cerebro, la segunda ofrece una estrategia pedagógica que se alinea con sus hallazgos científicos, dividiendo el contenido en porciones pequeñas y fáciles de asimilar.

La neurociencia, al estudiar el cerebro y sus funciones cognitivas, proporciona una base sólida y científicamente respaldada para comprender cómo aprendemos mejor. Complementariamente, el microaprendizaje, al ofrecer contenidos breves y focalizados, se adapta de forma natural a las características del cerebro humano, facilitando la adquisición de conocimientos.

Esta metodología, al ajustarse precisamente a los ritmos biológicos y capacidades cognitivas del cerebro, ofrece múltiples ventajas desde la perspectiva neurocientífica, tal como se presenta en la Tabla 2.1.

Tabla 2.1. *Ventajas del microaprendizaje desde la perspectiva neurocientífica*

Beneficio	Mecanismo
Mayor atención y concentración	Reduce la carga cognitiva.
Mejor retención	Permite aprovechar los momentos óptimos para el aprendizaje.
Mayor motivación	Ofrece contenidos relevantes y personalizados.
Mayor autonomía	Permite al aprendiz controlar su propio proceso de aprendizaje.
Fomento del aprendizaje activo	Estimula la interacción y la reflexión.

Neurociencia y microaprendizaje forman una alianza estratégica[1]. La neurociencia guía científicamente el diseño metodológico de estrategias de microaprendizaje, mientras que la implementación de este último proporciona datos valiosos para avanzar en la investigación sobre el cerebro y el aprendizaje.

El enfoque del microaprendizaje estimula el aprendizaje activo al fomentar la interacción y la reflexión sobre el contenido. Las plataformas digitales y aplicaciones móviles facilitan que los estudiantes colaboren en proyectos, compartan conocimientos y reciban *feedback* inmediato, lo que refuerza la comprensión y la motivación. La Figura 2.1 ilustra el ciclo completo de este proceso de aprendizaje activo.

Desde la perspectiva neurocientífica, el microaprendizaje presenta ventajas sustanciales al adaptarse a las características y necesidades cognitivas del cerebro humano (Letelier Gálvez, 2020). Entre sus principales beneficios destacan los siguientes:

- *Favorece la atención y la concentración*: reduce la carga cognitiva y evita distracciones innecesarias.

---

[1] Equipo de edición de Eniversy. (26/11/2024). La influencia de la neurociencia en el diseño de cursos en línea: ¿cómo aplicar estos principios para maximizar el aprendizaje y la productividad laboral? https://eniversy.com/articulos/articulo-la-influencia-de-la-neurociencia-en-el-diseno-de-cursos-en-linea-como-aplicar-estos-principios-para-maximizar-el-aprendizaje-y-la-productividad-laboral-3214

- *Facilita la retención y la consolidación de la información:* aprovecha los momentos óptimos de la curva del olvido y refuerza los conocimientos mediante la aplicación de técnicas de repetición espaciada.

- *Estimula la motivación y el interés:* ofrece contenidos relevantes, significativos y aplicables a la realidad del aprendiz.

- *Promueve la autonomía y la autoeficacia:* permite al estudiante elegir el ritmo personal, el orden y el modo de acceder a los contenidos.

- *Potencia el aprendizaje activo y colaborativo:* fomenta la interacción, el *feedback* y la reflexión sobre el propio proceso de aprendizaje.

Figura 2.1. *Ciclo de Aprendizaje Activo*

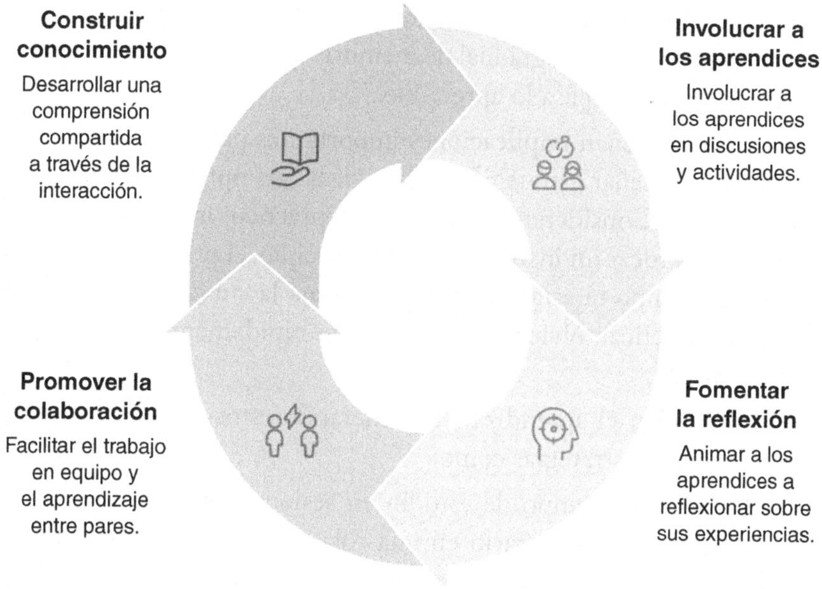

Construir conocimiento
Desarrollar una comprensión compartida a través de la interacción.

Involucrar a los aprendices
Involucrar a los aprendices en discusiones y actividades.

Promover la colaboración
Facilitar el trabajo en equipo y el aprendizaje entre pares.

Fomentar la reflexión
Animar a los aprendices a reflexionar sobre sus experiencias.

El microaprendizaje se apoya en los principios y las evidencias empíricas de la neurociencia para diseñar e implementar estrategias pedagógicas eficaces y eficientes. A su vez, la neurociencia se beneficia de las experiencias prácticas y los resultados del microaprendizaje para ampliar y profundizar en el funcionamiento del cerebro y sus procesos de aprendizaje.

2. Las curvas de aprendizaje y olvido en el microaprendizaje

La microformación, al presentar la información en porciones digeribles, optimiza el aprendizaje y reduce significativamente el olvido, aprovechando al máximo el tiempo efectivo de estudio. Esta metodología, al dividir la información en pequeñas unidades estructuradas, facilita mucho la comprensión y la retención del conocimiento. Las curvas de aprendizaje y olvido (Castillero, O., 2016) explican cómo adquirimos y retenemos el conocimiento a lo largo del tiempo. La primera muestra cómo mejoramos con la práctica, mientras que la segunda revela cómo olvidamos con el transcurso del tiempo si no reforzamos lo aprendido. La curva de aprendizaje muestra la relación entre el tiempo dedicado al estudio y el nivel de dominio alcanzado de una materia. Paralelamente, la curva de olvido muestra la pérdida gradual de memoria que se produce con el paso del tiempo si no se repasa lo aprendido.

Estas curvas tienen implicaciones importantes para la enseñanza, ya que permiten diseñar estrategias pedagógicas que optimizan el proceso de aprendizaje. Consideremos un ejemplo práctico: imagina que estás aprendiendo a tocar un instrumento. Al principio, el progreso es rápido, pero con el tiempo te estancas. Esto se debe a la curva de aprendizaje. Si dejas de practicar, olvidarás lo aprendido rápidamente, siguiendo la curva del olvido.

Para optimizar el aprendizaje considerando estos modelos, resultan efectivas algunas estrategias como:

1. Distribuir el tiempo de estudio en sesiones cortas y espaciadas, en lugar de concentrarlo en una sola sesión larga. Este enfoque favorece la consolidación de la memoria a largo plazo y reduce el efecto del olvido.

2. Repasar periódicamente lo aprendido, utilizando diferentes métodos y recursos. Esto refuerza las conexiones neuronales y facilita el recuerdo.

3. Aplicar lo aprendido a situaciones reales o adecuadamente simuladas, mediante ejercicios, proyectos o casos prácticos. Ello ayuda

a transferir el conocimiento a otros contextos y a desarrollar habilidades.

4. Evaluar el nivel de aprendizaje mediante pruebas formativas diseñadas para proporcionar retroalimentación y orientación. Este proceso permite identificar las fortalezas y debilidades del estudiante y ajustar el plan de estudio.

Las curvas de aprendizaje y olvido son modelos matemáticos que describen la adquisición y pérdida de conocimiento a lo largo del tiempo. La curva de aprendizaje muestra cómo el rendimiento mejora con la repetición y la experiencia, aunque esta mejora tiene un límite y eventualmente se estabiliza. Por su parte, la teoría de la curva de olvido afirma que el recuerdo de lo aprendido disminuye exponencialmente si no se refuerza o se repasa.

El olvido es más rápido en las primeras horas o días posteriores al aprendizaje, y luego se estabiliza. Para evitar esta pérdida de memoria, es necesario aplicar estrategias de repaso espaciado, que consisten en revisar el contenido a intervalos cada vez más largos.

El microaprendizaje aprovecha estas dos teorías para diseñar contenidos formativos que se ajusten al ritmo y las necesidades de los alumnos. Al ser breves y específicos, los microcontenidos facilitan la concentración y la motivación de los usuarios, reduciendo la fatiga y el aburrimiento. Además, al ser atractivos y relevantes, los microcontenidos captan la atención y el interés de los usuarios, favoreciendo su implicación y su recuerdo.

Así, esta metodología permite crear experiencias personalizadas, flexibles y eficaces, que se adaptan a las curvas de aprendizaje y olvido de los alumnos. De esta forma, se logra mejorar el rendimiento y la satisfacción de los usuarios, así como el retorno de la inversión realizada en formación.

La microformación, al abordar de manera efectiva la curva del olvido, se posiciona como una metodología clave en la educación moderna. Al combinar la repetición espaciada, el aprendizaje activo y la personalización, la microformación ofrece una solución eficaz para optimizar los procesos de aprendizaje y garantizar una retención a largo plazo del conocimiento.

3. Carga cognitiva y aprendizaje en la microformación

La carga cognitiva es el esfuerzo mental que dedicamos al aprendizaje. En el contexto del microaprendizaje, optimizar esta carga es clave para asegurar un proceso formativo eficaz y duradero. El aprendizaje, como proceso cognitivo complejo, requiere recursos mentales específicos y es precisamente la cantidad de estos recursos necesarios para procesar información lo que define la carga cognitiva. La relación entre la carga cognitiva y el aprendizaje es compleja y depende de varios factores, como el tipo de tarea, el nivel de conocimiento previo, la motivación, el interés y la estrategia de aprendizaje.

En general, se considera que una carga cognitiva óptima es aquella que permite al aprendiz procesar la información relevante sin sobrecargar su memoria de trabajo, facilitando así la transferencia a la memoria a largo plazo. Una carga cognitiva demasiado baja puede provocar aburrimiento o falta de atención, mientras que una carga demasiado alta puede generar ansiedad o confusión. Por lo tanto, es importante diseñar actividades de aprendizaje que se adapten al nivel y las características de los aprendices, ofreciendo un apoyo pedagógico adecuado y un *feedback* efectivo.

Para comprender mejor este concepto, imagina que estás tratando de resolver un rompecabezas complejo. Si te dan todas las piezas a la vez, te sentirás abrumado. Sin embargo, si te dan las piezas en grupos más pequeños, será más fácil identificar las conexiones y completar el rompecabezas. Este ejemplo ilustra lo que ocurre con la carga cognitiva: cuando la información se presenta en pequeñas porciones, nuestro cerebro puede procesarla de manera más eficiente.

La carga cognitiva (Román, R. 2025) se define específicamente como la cantidad de información que el cerebro puede procesar al mismo tiempo. Cuando la carga cognitiva es demasiado alta, parece ser que el aprendizaje se dificulta y se reduce la retención de lo aprendido. Por eso, a veces es conveniente aplicar técnicas para reducir la carga cognitiva en el aprendizaje, tanto para los estudiantes como para los docentes. Algunas de estas técnicas, que ilustramos también en la Figura 2.2, incluyen:

- Organizar el contenido en unidades pequeñas y coherentes, que faciliten la comprensión y la memorización.

- Utilizar recursos visuales, auditivos y kinestésicos para apoyar el aprendizaje, aprovechando los diferentes canales sensoriales.

- Proporcionar ejemplos, analogías y metáforas que relacionen el contenido con el conocimiento previo y la experiencia de los alumnos.

- Ofrecer *feedback* inmediato y constructivo, que oriente el aprendizaje y refuerce la autoeficacia de los alumnos.

- Fomentar la práctica distribuida y la repetición espaciada, que permitan consolidar el aprendizaje a largo plazo.

- Promover el aprendizaje activo y colaborativo, que involucre a los alumnos en la construcción de su propio conocimiento y les permita compartirlo con sus compañeros.

Figura 2.2. *Estrategias para reducir la carga cognitiva en microformación*

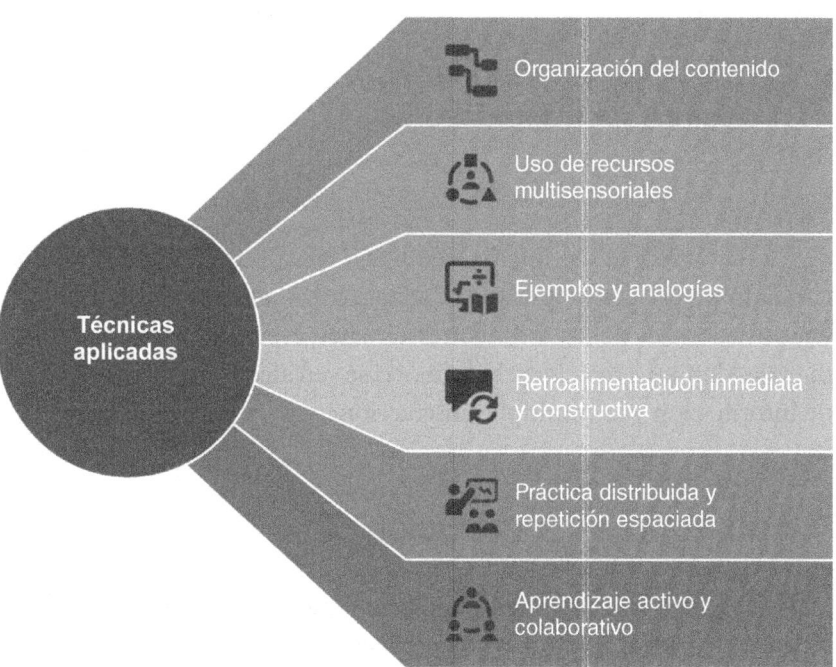

Estas son algunas de las técnicas para reducir la carga cognitiva en el proceso de aprendizaje, mejorando potencialmente el rendimiento académico y el interés por aprender. Sin embargo, es importante destacar que no hay una fórmula única ni universal, sino que cada situación educativa requiere adaptar las técnicas a las características del contenido, del contexto y del perfil de los alumnos. La Figura 2.3 sintetiza las estrategias fundamentales que conducen a un entorno de aprendizaje efectivo.

Figura 2.3. *Estrategias para el Aprendizaje Óptimo*

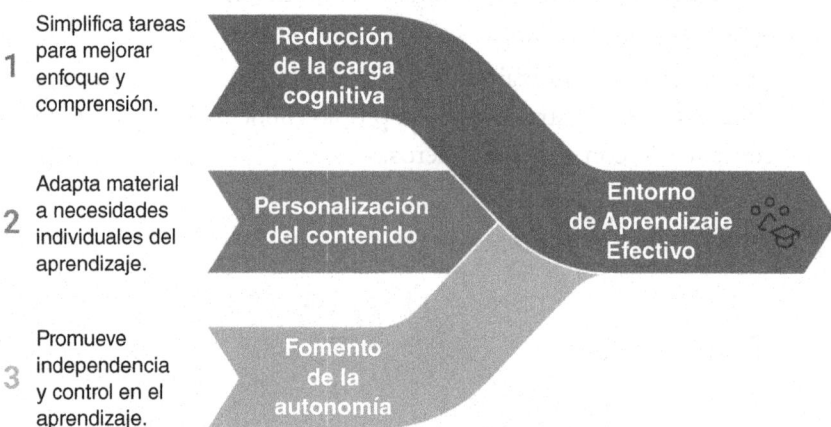

La metodología del microaprendizaje contribuye a retener el conocimiento precisamente porque se adapta a las características cognitivas y motivacionales de los estudiantes actuales, especialmente en entornos digitales donde la atención y la memoria se ven afectadas por la sobrecarga de información y las múltiples distracciones.

4. Aprendizaje y motivación

Ya hemos visto que el microaprendizaje fomenta la motivación (Molina y Sánchez Puerta, 2024) a través de diversos mecanismos psicopedagógicos (gamificación, personalización de contenidos, retroalimentación inmediata, entre otros) y optimiza la experiencia educativa al hacerla más accesible, gratificante y personalizada.

La motivación y el aprendizaje son dos conceptos estrechamente relacionados en el ámbito educativo. La motivación entendida como el conjunto de factores internos y externos que influyen en la disposición, el interés y el esfuerzo de los estudiantes para realizar una actividad o alcanzar una meta. El aprendizaje, por su parte, se refiere al proceso mediante el cual los estudiantes adquieren, modifican o transforman conocimientos, habilidades, actitudes y valores a partir de la experiencia, la observación o la instrucción.

Esta interrelación es bidireccional y dinámica. Por un lado, la motivación influye en el aprendizaje al determinar el grado de atención, concentración, participación y persistencia de los estudiantes en las tareas académicas, traduciéndose en una mayor implicación y rendimiento. Por otro lado, el aprendizaje ejerce una influencia significativa sobre la motivación, generando satisfacción, autoeficacia, autoestima y expectativas de éxito de los estudiantes. A medida que aprenden, aumenta su confianza y motivación para seguir aprendiendo.

La complejidad del aprendizaje involucra numerosos factores, tanto internos como externos, que determinan el rendimiento y la adquisición de conocimientos de los estudiantes. Entre estos factores destaca la motivación, entendida como el interés, la curiosidad, el deseo o la voluntad de aprender algo nuevo o mejorar en una determinada área. Surge entonces la pregunta: ¿qué papel juega la motivación en el aprendizaje? ¿Es más eficaz el aprendizaje cuando existe motivación por parte del estudiante?

La respuesta no es sencilla, ya que la motivación puede tener diferentes tipos, fuentes y efectos en el aprendizaje. Por ejemplo, se puede distinguir entre motivación intrínseca y extrínseca, dependiendo de si el alumno realiza una actividad por el placer o interés que le genera, o por las recompensas o presiones externas que recibe. También se puede diferenciar entre motivación de logro y motivación de maestría. La primera se refiere a la competencia del alumno en comparación con los demás, mientras que la motivación de maestría se enfoca en comprender y dominar el contenido o habilidad en sí misma. La motivación también varía según el contexto, el nivel de dificultad, las expectativas, las metas, las emociones y las creencias de los alumnos.

En general, se considera que la motivación intrínseca y de maestría son más beneficiosas para el aprendizaje que la motivación extrínseca y la de logro, ya que promueven una mayor implicación, persistencia, esfuerzo y profundización en las tareas; además de generar una mayor satisfacción, autoestima y autoeficacia. Sin embargo, esto no significa que la motivación extrínseca y la de logro sean negativas o irrelevantes para el aprendizaje. Estas pueden servir como estímulos iniciales o refuerzos ocasionales para los estudiantes, siempre que no sean excesivas o coercitivas.

En resumen, se puede afirmar que el aprendizaje es más eficaz cuando existe la motivación adecuada, particularmente la intrínseca y de maestría, lo que les permitirá disfrutar del proceso y mejorar sus competencias. Para fomentar este tipo de motivación es necesario que los educadores diseñen actividades significativas, desafiantes, variadas y adaptadas a las necesidades e intereses de los estudiantes. Estas actividades deben ofrecer autonomía, retroalimentación constructiva y reconocimiento; deben promover un clima de confianza y cooperación en el aula y fomentar una actitud positiva y reflexiva hacia el aprendizaje.

Capítulo 3

Elementos del microaprendizaje

1. Herramientas para los microaprendizajes

En un mundo donde hay un exceso de información o sobreinformación, el microaprendizaje se presenta como una solución eficaz y adaptativa para adquirir conocimientos de manera rápida y adaptada a nuestro ritmo de vida. En la sociedad actual, donde la generación de la información y el conocimiento son prácticamente infinitos, es clave aprender de forma continua para poder adaptarnos y crecer profesionalmente.

El microaprendizaje (Trivedi, 2023), al dividir la información en pequeñas unidades, se alinea perfectamente con nuestro estilo de vida acelerado. Esta metodología permite aprender en cualquier momento y lugar, aprovechando incluso los breves espacios de tiempo disponibles. El microaprendizaje se basa en la idea de aprender mediante pequeñas dosis o fragmentos de información, lo cual es ideal para nuestro estilo de vida actual, donde el tiempo es un recurso muy valioso y escaso. A continuación, se presentan algunas metodologías que han demostrado ser especialmente efectivas para implementar el microaprendizaje de manera eficiente.

- *Pódcast:* estos programas de audio en línea, que se pueden descargar o escuchar en *streaming*, son una forma excelente de aprender mientras realizamos otras actividades, como ejercicio físico o tareas domésticas.

- *Vídeos cortos:* plataformas como *YouTube* o *TikTok* ofrecen una gran cantidad de vídeos cortos y concisos que explican conceptos o enseñan nuevas habilidades. Son fáciles de consumir y muy efectivos para absorber información de forma rápida.

- *Flashcards:* las tarjetas de memoria son una metodología clásica pero efectiva para el aprendizaje de vocabulario, definiciones o conceptos clave. Se pueden usar tarjetas físicas o aplicaciones móviles que nos permiten crear y practicar con nuestros propios conjuntos de tarjetas.

- *Aplicaciones móviles:* existen numerosas aplicaciones diseñadas específicamente para el microaprendizaje que ofrecen lecciones cortas y prácticas en diferentes temas, desde idiomas hasta matemáticas o desarrollo de habilidades profesionales.

- *Microcursos en línea:* plataformas como *Udemy* o *Coursera* ofrecen cursos cortos en línea, con lecciones y ejercicios diseñados para ser completados en poco tiempo. Son una excelente opción para aprender nuevos temas de forma estructurada y adaptada a nuestro propio ritmo.

- *Redes sociales:* muchos expertos comparten su conocimiento a través de publicaciones en plataformas como *X, Instagram* o *LinkedIn*. Siguiendo a los líderes de opinión en nuestra área de interés, podemos aprender de forma constante y mantenernos al día sobre los últimos avances.

- *Newsletters temáticas:* la suscripción a boletines informativos de nuestro interés nos proporciona contenido relevante y actualizado directamente en nuestra bandeja de entrada. Es una excelente manera de aprender sobre temas específicos sin necesidad de invertir tiempo en la búsqueda de información.

Estas son solo algunas de las numerosas herramientas que podemos utilizar para implementar el microaprendizaje en nuestras dinámicas cotidianas. La clave está en encontrar la combinación que mejor se adapte a nuestras necesidades y estilo de aprendizaje. Además, es importante recordar que el microaprendizaje no pretende reemplazar a la educación formal, sino que es una herramienta complementaria para seguir aprendiendo de forma continua en un mundo en constante evolución.

2. El potencial motivador del microaprendizaje

El microaprendizaje, como estrategia pedagógica basada en contenidos breves, claros y relevantes, facilita la asimilación y aplicación del conocimiento. Algunos estudios (Juárez E., 2023) han demostrado que los estudiantes que utilizan microaprendizaje retienen hasta un 20 % más de información en comparación con métodos tradicionales. La motivación es importante para iniciar y mantener el proceso de aprendizaje. Actúa como un motor que impulsa a los estudiantes a participar activamente en el proceso educativo, lo que a su vez mejora su rendimiento académico. Su potencial motivador en el aula se manifiesta al permitir que los estudiantes:

- *Aprendan a su propio ritmo e intereses*: seleccionando temas y formatos según sus preferencias.
- *Mantengan la atención y concentración*: los contenidos breves evitan la sobrecarga cognitiva y la fatiga mental.
- *Refuercen la memoria*: la repetición de conceptos clave en distintos momentos y contextos facilita el repaso y la retención.
- *Desarrollen habilidades de autoaprendizaje y autorregulación*: fomentan la reflexión, el autocontrol y la evaluación del propio proceso de aprendizaje.
- *Incrementen su confianza y autoestima*: el logro de objetivos de aprendizaje pequeños y medibles fortalece la sensación de éxito.
- *Estimulen su curiosidad y creatividad*: explorando nuevos temas de manera dinámica y lúdica.

Esta metodología no solo resulta eficaz para adquirir conocimientos en un mundo acelerado, sino también tiene un impacto significativo en la motivación personal. Su brevedad, flexibilidad, relevancia práctica y capacidad para generar recompensas inmediatas lo convierten en una herramienta ideal para quienes buscan aprender sin sacrificar su ritmo de vida. Adoptar este enfoque puede transformar la manera en que nos relacionamos con el aprendizaje y abrir nuevas oportunidades para crecer tanto personal como profesionalmente.

Con un adecuado alineamiento entre objetivos y métodos, la microformación puede ser una herramienta particularmente eficaz para motivar a los estudiantes en el aula, siempre que se diseñe e implemente considerando sus características, objetivos de aprendizaje, contenidos pertinentes y recursos disponibles. Este enfoque no solo complementa el aprendizaje tradicional, sino que lo enriquece, ofreciendo una experiencia de aprendizaje más personalizada, flexible y significativa.

3. El microaprendizaje y su impacto en el aprendizaje significativo

El microaprendizaje favorece la concentración de los estudiantes al permitirles enfocarse en un solo objetivo a la vez, lo que reduce las distracciones. Sus contenidos breves y específicos, presentados de manera clara y directa, facilitan la atención y concentración.

Esta metodología facilita especialmente la creación de aprendizajes significativos (Tuneu Puig, 2023) al conectar con los intereses, necesidades y contextos reales de los estudiantes. Por ejemplo, un estudiante que se está formando en marketing digital puede aprender sobre SEO (optimización de motores de búsqueda) a través de un vídeo breve y práctico, aplicando inmediatamente lo aprendido en su entorno profesional o académico. Al ofrecer información relevante y aplicable, el microaprendizaje estimula la motivación, mejora la retención y facilita la transferencia de los conocimientos adquiridos a situaciones reales.

Su eficacia se debe a que se adapta a la forma en que nuestro cerebro procesa la información. Al dividir el contenido en unidades manejables, se facilita la comprensión y la retención de la información, evitando la sobrecarga cognitiva típica de cuando se presentan demasiados datos de golpe. Un ejemplo ilustrativo sería cuando un estudiante aprende a programar: en lugar de estudiar exhaustivamente todo un lenguaje de golpe, puede empezar con pequeños módulos que aborden conceptos específicos, como declaración de variables o creación de funciones. Al centrarse en un tema específico cada vez, el estudiante puede asimilar y aplicar lo aprendido con mayor facilidad.

El aprendizaje significativo es aquel en el que los nuevos conocimientos se vinculan con lo que ya sabemos. Es como construir un rompecabezas donde cada pieza encaja con las anteriores. En lugar de memorizar información de manera aislada, los estudiantes vinculan los nuevos conceptos con experiencias previas y conocimientos existentes, creando un aprendizaje más profundo y duradero. Por ejemplo, un estudiante de historia comprenderá mejor la Revolución Francesa cuando conecte los eventos con conceptos de libertad y derechos humanos que ya conoce; el aprendizaje se vuelve más memorable y contextualizado.

Finalmente, el microaprendizaje se adapta perfectamente a los ritmos de vida actuales, ofreciendo formas flexibles de aprender. Los estudiantes acceden a los contenidos según su conveniencia, adaptando el aprendizaje a sus horarios y necesidades específicas. Esta accesibilidad no solo optimiza la eficiencia del proceso formativo, sino que incrementa su relevancia para la vida cotidiana, facilitando la aplicación inmediata de lo aprendido. Por ejemplo, un profesional que necesita mejorar sus habilidades de comunicación en equipo puede acceder a una microlección sobre cómo dar *feedback* constructivo, adaptándose a su tiempo libre y aplicando rápidamente lo aprendido en su entorno laboral.

4. La importancia de los ambientes de microaprendizaje

Un ambiente de microaprendizaje constituye un entorno digital específicamente diseñado para ofrecer contenido educativo en unidades compactas, altamente focalizadas y fáciles de asimilar. Es decir, recibir "píldoras de conocimiento" que pueden asimilarse rápidamente y en cualquier momento.

El concepto de ambiente de aprendizaje engloba el conjunto de condiciones físicas, sociales, culturales y psicológicas que favorecen el proceso de enseñanza y aprendizaje. En modalidades de formación no presencial, este ambiente se caracteriza por la mediación tecnológica, la flexibilidad temporal y espacial, la autonomía del estudiante y la interacción entre los participantes.

Estos entornos ofrecen una solución innovadora y efectiva para el desarrollo de competencias en un mundo cada vez más dinámico y exigente. Al permitir experiencias formativas más flexibles, personalizadas y eficientes, contribuyen a mejorar el desempeño tanto individual como organizacional.

A continuación, se describen los principales elementos de un ambiente de aprendizaje en formación no presencial:

- *Diseño instruccional*: proceso de planificación, desarrollo y evaluación de los contenidos, actividades, estrategias y recursos que se utilizarán para facilitar el logro de los objetivos de aprendizaje.

- *Plataforma virtual*: infraestructura tecnológica que alberga el ambiente de aprendizaje y facilita el acceso, comunicación, colaboración y seguimiento entre estudiantes y docentes.

- *Recursos didácticos*: materiales que apoyan el proceso de enseñanza y aprendizaje, como textos, vídeos, audios, imágenes, animaciones, simulaciones y juegos, entre otros.

- *Herramientas tecnológicas*: dispositivos y aplicaciones que permiten la interacción sincrónica y asincrónica entre los participantes, incluyendo equipos informáticos, dispositivos móviles, correos electrónicos, foros, chats, videoconferencias y redes sociales.

- *Actores educativos*: participantes que intervienen en el proceso de enseñanza y aprendizaje, tales como estudiantes, docentes, tutores, coordinadores, administradores, etc.

- *Sistema de evaluación*: proceso de recopilación, análisis y retroalimentación sobre el desempeño de los estudiantes y el desarrollo del curso, orientado a mejorar la calidad del ambiente de aprendizaje y garantizar el logro de los objetivos.

La calidad del ambiente de aprendizaje es un factor determinante para el éxito de cualquier proceso educativo. Un ecosistema positivo, que fomente la participación, la colaboración, el respeto y la creatividad, puede motivar a los estudiantes a desarrollar sus habilidades y competencias, así como a disfrutar de su experiencia formativa.

Para lograr este ecosistema positivo, podemos implementar algunas estrategias que pueden contribuir a crear un ambiente de aprendizaje positivo en el aula.

1. Es importante establecer *normas de convivencia claras y consensuadas* con los estudiantes que definan los derechos y deberes de cada uno, así como las consecuencias de su incumplimiento. Estas normas deben ser coherentes, justas y flexibles, revisándose periódicamente para adaptarse a las necesidades y situaciones del grupo. Además, el docente debe ser un modelo de conducta positiva, mostrando respeto, empatía, tolerancia y reconocimiento hacia los estudiantes y sus opiniones.

2. Es conveniente *diseñar actividades de aprendizaje variadas,* significativas y retadoras, que se ajusten al nivel, los intereses y las preferencias de los estudiantes. Estas experiencias deben promover el aprendizaje activo, cooperativo y autónomo, así como la reflexión crítica y el pensamiento creativo. Además, es recomendable utilizar diferentes recursos y medios didácticos, que estimulen los sentidos y las inteligencias múltiples de los estudiantes (vídeos, imágenes, juegos, canciones, pódcast, etc.).

3. Es necesario proporcionar *retroalimentación continua,* constructiva y personalizada a los estudiantes que les ayude a mejorar su rendimiento y a valorar sus logros. La retroalimentación debe ser específica, oportuna y orientada a la acción, identificando fortalezas y áreas de mejora, y sugiriendo estrategias o recursos para ello. También es importante fomentar la autoevaluación y la coevaluación entre los estudiantes, para que desarrollen su capacidad de autocontrol y de crítica constructiva.

4. Es beneficioso crear un *clima de confianza y seguridad* en el aula que favorezca la expresión libre y el intercambio de ideas entre los estudiantes, propiciar un ambiente relajado y distendido que invite al humor y al buen ánimo. Además, se puede facilitar la comunicación y la interacción entre los estudiantes mediante el uso de dinámicas de grupo, debates, foros, etc. Igualmente, se debe potenciar la diversidad y la inclusión en el aula, valorando las diferencias culturales, lingüísticas y personales de los estudiantes como una riqueza.

Crear un ambiente de aprendizaje positivo en el aula requiere una planificación cuidadosa y una actuación coherente del equipo docente, complementada con una participación activa y responsable de los estudiantes. La combinación de estos elementos permite lograr un ambiente óptimo para el aprendizaje.

Capítulo 4

Metodología para la creación de microcontenidos

1. Bases para la elaboración de microcontenidos en la educación

Los microcontenidos son recursos diseñados para transmitir conocimientos, habilidades, actitudes o valores de manera rápida y efectiva. Su elaboración requiere una planificación adecuada, una selección precisa de los contenidos, una estructura lógica y una presentación atractiva. A continuación, se explican las bases para crear microcontenidos educativos que sean efectivos y relevantes.

Planificación de los microcontenidos

La planificación es el primer paso esencial en la elaboración de microcontenidos. Implica definir el objetivo, el público, el formato y el canal de distribución. El objetivo debe cumplir los criterios SMART, ser: específico, medible, alcanzable, relevante y temporal. Es importante identificar y segmentar al público según sus características, intereses y necesidades formativas. Además, el formato debe adaptarse al tipo de contenido y al dispositivo en el que se presentará, mientras que el canal de distribución debe ser el adecuado para alcanzar a los usuarios y fomentar la interacción.

Criterios de microsegmentación

En el contexto de la microformación, la segmentación del público juega un papel clave para personalizar y optimizar la experiencia de aprendizaje. Esto se logra mediante técnicas que permiten dividir a la audiencia en grupos más pequeños y específicos. La microsegmentación no solo define qué acciones se deben realizar, sino también cómo se ejecutarán, quiénes serán los responsables, qué recursos se necesitarán y cómo se evaluará el progreso. Los principales criterios para su implementación incluyen:

- *Segmentación demográfica*: clasifica al público según datos como edad, género, nivel educativo, perfil laboral e ingresos.

- *Segmentación conductual*: agrupa a los usuarios según su comportamiento de aprendizaje, frecuencia de uso de plataformas y preferencias de contenido.

- *Segmentación geográfica*: organiza a los estudiantes según su ubicación, lo cual es útil para adaptar horarios o contenidos específicos a ciertas regiones.

- *Segmentación psicográfica*: considera el estilo de vida, intereses y valores de los aprendices para ofrecer materiales más relevantes.

Estrategias de implementación

Una estrategia de implementación es un conjunto de métodos, técnicas y actividades planificadas que se utilizan para llevar a cabo un plan estratégico con el objetivo de alcanzar metas específicas. Las principales estrategias incluyen:

- *Recopilación de datos*: utilizar encuestas, formularios web o datos provenientes de redes sociales para obtener información detallada sobre los usuarios.

- *Análisis de patrones*: examinar los datos recopilados para identificar tendencias y características comunes entre los aprendices.

- *Creación de perfiles*: desarrollar perfiles detallados basados en las necesidades específicas y preferencias de cada grupo identificado.

- *Personalización del contenido*: adaptar los materiales educativos para que sean altamente relevantes para cada segmento.

La microsegmentación permite ofrecer experiencias personalizadas que aumentan el compromiso del estudiante y mejoran la eficacia del aprendizaje. Al comprender las características específicas de cada grupo, se pueden desarrollar estrategias más precisas que maximizan el impacto educativo.

Selección de contenidos

La selección adecuada del contenido es fundamental para garantizar su efectividad. Consiste en determinar qué información es esencial, complementaria o prescindible. Es crucial priorizar la calidad sobre la cantidad, evitando sobrecargar al usuario con demasiada información o generar ruido informativo. Se debe emplear un lenguaje claro, directo y preciso, evitando ambigüedades y jergas innecesarias. El tono debe equilibrar el profesionalismo con la cercanía para conectar mejor con los usuarios.

Estructuración lógica del contenido

Una buena estructura facilita la comprensión del contenido por parte del usuario. La organización lógica garantiza que el contenido sea coherente y fácil de seguir.

Es recomendable seguir un esquema básico que incluya introducción, desarrollo y conclusión:

- *Introducción*: debe captar la atención del usuario desde el inicio, presentar el tema y anticipar el objetivo del contenido.

- *Desarrollo*: expone los conceptos principales apoyándolos en ejemplos, datos o testimonios relevantes que refuercen el mensaje.

- *Conclusión*: resume las ideas clave, refuerza el mensaje principal e invita al usuario a reflexionar o tomar acción.

Presentación visual e interactiva

La presentación visual es otro de los aspectos cruciales en la elaboración de microcontenidos. Es importante utilizar elementos gráficos como tipografías legibles, colores armoniosos e imágenes pertinentes que complementen el mensaje sin distraer al usuario. Además, incluir recursos multimedia como vídeos o infografías puede enriquecer la experiencia educativa.

La navegación debe ser intuitiva: con etiquetas claras, enlaces bien ubicados y botones accesibles facilitan encontrar información rápidamente. También es recomendable fomentar la participación mediante cuestionarios interactivos, encuestas o espacios para comentarios que permitan retroalimentación constante.

Beneficios del enfoque personalizado

Este enfoque asegura que los microcontenidos sean efectivos tanto en forma como en fondo. Al integrar elementos visuales atractivos con una estructura lógica y contenidos relevantes, se crea una experiencia dinámica que responde a las necesidades formativas actuales. La personalización basada en segmentación profundiza aún más esta eficacia al adaptar cada recurso a las características específicas del público objetivo, lo que resulta en un aprendizaje más efectivo.

En conclusión, los microcontenidos bien diseñados constituyen herramientas poderosas para facilitar aprendizajes rápidos y significativos. Al combinar planificación estratégica con personalización e interactividad visual, se logra maximizar su impacto educativo mientras se mantiene un enfoque centrado en las necesidades individuales del usuario.

2. Las metodologías participativas en el microaprendizaje

Las metodologías participativas potencian el microaprendizaje, al involucrar activamente a los estudiantes en la construcción del conocimiento. En lugar de ser receptores pasivos de información, los aprendices se convierten en protagonistas, interactuando, colaborando y creando de manera activa.

Este enfoque educativo fomenta la autonomía, la creatividad y la colaboración de los estudiantes. Aplicado en cursos de modalidad *e-learning*, esta metodología ofrece múltiples beneficios para docentes y alumnos, siempre que las actividades, los recursos y las herramientas de comunicación se diseñen de forma adecuada.

Para garantizar una participación[1] significativa en un entorno de microaprendizaje, es fundamental considerar los siguientes aspectos:

- *Establecimiento de objetivos claros*: definir objetivos de aprendizaje específicos y compartidos que guíen el desarrollo del curso y faciliten la evaluación del progreso y resultados de los estudiantes.

- *Diseño de actividades interactivas*: crear tareas que promuevan la interacción tanto sincrónica como asincrónica entre estudiantes y docentes, utilizando foros, chats, videoconferencias, wikis o blogs en diversos formatos y medios.

- *Fomento del trabajo en equipo*: asignar roles y responsabilidades claras a los miembros del grupo; establecer normas para la convivencia y la resolución de conflictos, y facilitar la coordinación y el seguimiento de los proyectos colaborativos.

- *Proyectos significativos*: proponer actividades que requieran investigación, reflexión, creatividad y acción sobre temas relevantes para los estudiantes, vinculados con sus contextos sociales, culturales o profesionales.

- *Provisión de feedback constructivo*: proporcionar comentarios continuos que reconozcan logros, orienten ante dificultades y motiven la mejora.

- *Promoción de la autoevaluación y coevaluación*: incluir estrategias para que los estudiantes evalúen su propio desempeño y el de sus

---

[1] Equipo de Vorecol (16 de septiembre de 2024). *Efectos de la microaprendizaje en el aprendizaje colaborativo de habilidades blandas en entornos virtuales*. https://vorecol.com/es/articulos/articulo-efectos-de-la-microaprendizaje-en-el-aprendizaje-colaborativo-de-habilidades-blandas-en-entornos-virtuales-194589

compañeros, fomentando el pensamiento crítico, el autocontrol y la responsabilidad.

La aplicación de estas estrategias en entornos de aprendizaje digital ha demostrado generar altos niveles de satisfacción y rendimiento académico. La metodología participativa aprovecha al máximo el potencial del aprendizaje en línea sin descuidar los aspectos humanos y sociales del proceso educativo.

Un elemento importante para enriquecer el proceso de aprendizaje es la participación activa de los estudiantes. Este enfoque transforma la enseñanza en una experiencia dinámica y colaborativa, donde los alumnos no solo adquieren conocimientos, sino que también desarrollan habilidades fundamentales para el futuro.

Contextualizar el aprendizaje dentro del entorno social, cultural y profesional del estudiante asegura que este enfoque sea relevante y significativo, aumentando su efectividad. La metodología participativa no solo enriquece el microaprendizaje, sino que también promueve una educación más dinámica, inclusiva y transformadora.

3. Cómo desarrollar habilidades específicas en un corto periodo de tiempo

A la hora de adquirir habilidades específicas en un tiempo reducido, la microformación se ha convertido en una herramienta muy eficaz. Al organizar el contenido en unidades de aprendizaje breves y focalizadas, esta metodología permite a los estudiantes concentrarse en temas concretos y avanzar a un ritmo adaptado a sus necesidades. Aunque desarrollar habilidades específicas en poco tiempo puede parecer un desafío, con una mentalidad adecuada y un enfoque estratégico, es posible lograrlo o, al menos, intentarlo.

Las habilidades son las capacidades específicas que una persona desarrolla para realizar tareas concretas. Pueden ser técnicas (como manejar software o herramientas) o blandas (como la comunicación o el trabajo en equipo). Estas se caracterizan por ser más específicas y pueden adquirirse mediante la práctica constante.

Por otro lado, podemos hablar también de competencias: combinaciones integradas de conocimientos, habilidades, actitudes y valores que permiten a una persona actuar de manera eficaz en contextos determinados. Incluyen no solo el "saber hacer", sino también el "saber ser", es decir, cómo aplicar lo aprendido de manera creativa, ética y responsable en situaciones prácticas.

A continuación, se presentan algunas estrategias que pueden ayudar a adquirir nuevas habilidades con mayor rapidez:

1. *Define tus metas antes de empezar cualquier proceso de aprendizaje.* Identifica las habilidades específicas que deseas desarrollar, establece objetivos claros, alcanzables y medibles para poder evaluar tu progreso a lo largo del proceso formativo.

2. *Diseña un plan de estudio estructurado que organice tus sesiones de aprendizaje y práctica.* Distribuye el tiempo entre los conceptos teóricos y la aplicación práctica. Esto te permitirá construir una base sólida mientras aplicas lo aprendido.

3. *Utiliza recursos pedagógicos adecuados.* Investiga y selecciona recursos diseñados específicamente para el área de aprendizaje que te interesa desarrollar, como tutoriales, cursos en línea, libros o herramientas prácticas. Aprovecha la variedad de materiales disponibles para maximizar tu progreso.

4. *Concéntrate en lo fundamental y enfócate primero en los conceptos y técnicas básicas.* Una vez que domines los fundamentos, avanzarás más rápidamente hacia aspectos más complejos de la habilidad.

5. *Practica de manera constante,* la repetición es clave para el aprendizaje. Dedica tiempo diariamente a practicar lo que has aprendido. La práctica constante refuerza tus conocimientos y habilidades, además de ayudarte a perfeccionar los detalles.

6. *Busca un mentor o guía siempre que sea posible,* identifica a alguien con experiencia en el área que deseas desarrollar. Un mentor o *coach* puede proporcionarte orientación personalizada, consejos prácticos y retroalimentación valiosa que acelerará tu aprendizaje.

7. *Acepta los errores como parte del proceso* y no temas cometerlos, son una parte natural del aprendizaje. Considera cada equivocación como una oportunidad para crecer y mejorar. Aprender de los errores te acercará a dominar la habilidad.

8. *Practica e integra tus aprendizajes en situaciones reales* siempre que puedas. Por ejemplo, si estás aprendiendo un nuevo idioma, busca oportunidades para conversar con hablantes nativos. La práctica en escenarios reales no solo acelera tu aprendizaje, sino que también mejora tu confianza y adaptabilidad.

4. El arte del *storytelling:* narración para transformar el aprendizaje

El *storytelling* (Fernández del Río, 2025) o narración de historias potencia la microformación al conectar emocionalmente con los alumnos a través de historias. Esta técnica transforma los microcontenidos en experiencias de aprendizaje más atractivas y memorables. Al integrar historias en los módulos educativos, la información se contextualiza, haciéndola más relevante y fácil de comprender y recordar.

Por ejemplo, un microcurso sobre liderazgo puede incluir una anécdota inspiradora para explicar principios de gestión efectiva o una historia de éxito que motive a los estudiantes a alcanzar sus metas. La narración, como arte y técnica de contar historias, puede ser oral, escrita o visual, combinando elementos esenciales (personajes, trama, conflicto, punto de vista y tema) para captar la atención y generar emoción en el público.

Esta técnica se aplica en múltiples medios como la literatura, el teatro, el cine, los videojuegos o el transmedia. Y, más allá del entretenimiento, cumple funciones comunicativas, educativas y culturales al transmitir mensajes, valores y conocimientos de manera creativa y memorable.

El *storytelling* combina los siguientes elementos narrativos que se muestran en la Figura 4.1.

En la microformación, donde la brevedad es clave para mantener el interés, las historias son más fáciles de recordar que simples listados de datos. Además, el *storytelling* ayuda a contextualizar la información, haciéndola más significativa para los alumnos. También permite personalizar la experiencia de aprendizaje, ya que las historias pueden adaptarse a diferentes audiencias y situaciones, aumentando la relevancia del contenido para cada alumno.

Figura 4.1. *Conectando emociones a través de los elementos centrales del storytelling*

El conflicto

Es el motor de la historia, lo que genera tensión e interés. Surge de la oposición entre el objetivo del protagonista y el del antagonista, y se resuelve al final de la historia.

El mensaje

Idea principal o moraleja que se quiere comunicar. Debe ser claro, conciso y coherente con los objetivos.

El protagonista

Personaje principal de la historia con el que el público se identifica y se involucra. Debe tener un objetivo claro y enfrentarse a obstáculos para conseguirlo.

El antagonista

Personaje que se opone al protagonista y le dificulta alcanzar su meta. Puede ser una persona, situación, fuerza natural o incluso el propio protagonista.

El narrador

Es la voz que cuenta la historia, ya sea en primera, segunda o tercera persona. Debe elegir el punto de vista, tono y estilo más adecuados para transmitir el mensaje de la historia.

El escenario

Lugar y tiempo donde se desarrolla la historia. Debe ser coherente con la trama y los personajes y aportar información relevante para la comprensión de la historia.

5. Técnicas de lectura rápida: optimización del aprendizaje

En la era digital, caracterizada por la atención limitada y la sobreabundancia informativa, tanto la microformación como las técnicas de lectura rápida se presentan como herramientas clave para optimizar el tiempo y mejorar la retención de conocimientos. Ambas se centran en objetivos de aprendizaje concretos y medibles, y en la presentación de información concisa y relevante.

La lectura rápida es una técnica que emplea estrategias específicas diseñadas para aumentar la velocidad de procesamiento y la comprensión efectiva de los textos. Estas técnicas permiten no solo leer más rápido, sino también captar las ideas principales de manera eficaz[2].

Para dominar esta habilidad, es necesario conocer y aplicar las siguientes técnicas fundamentales:

- *Prelectura estratégica:* consiste en realizar un análisis preliminar del texto antes de leerlo en profundidad. Este paso incluye observar el título, subtítulos, imágenes, gráficos, etc. para activar conocimientos previos y anticipar el tema y propósito del contenido.

- *Salteo selectivo*: permite omitir palabras o partes del texto que son irrelevantes o conocidas, como artículos, conjunciones y repeticiones, concentrándose en las palabras clave y las ideas principales.

- *Ampliación del campo visual*: consiste en entrenar la capacidad de abarcar más palabras en cada fijación ocular. Esto se logra con ejercicios de seguimiento, expansión y salto ocular, que incrementan la agilidad y amplitud de la percepción visual.

- *Reducción de la vocalización*: se refiere a la práctica dirigida a evitar pronunciar mentalmente las palabras mientras se lee, ya que esto reduce la velocidad. Se adquiere mediante técnicas de distracción, como tararear una canción, contar mentalmente o morderse la lengua mientras se avanza en la lectura.

---

[2] Biblioteca de la Universidad de Extremadura. Técnicas de estudio: La velocidad lectora. https://biblioguias.unex.es/c.php?g=572102&p=3944889

- *Evitar la regresión:* implica no retroceder constantemente en el texto para releer partes ya leídas, ya que esto interrumpe el flujo y disminuye la comprensión. Usar un marcador visual, como un dedo o un lápiz, puede ayudar a mantener el enfoque hacia adelante.

La integración de la microformación y la lectura rápida crea un enfoque innovador particularmente adaptado a las demandas educativas contemporáneas. Mientras la microformación estructura el contenido en unidades breves y concretas, las técnicas de lectura rápida potencian la capacidad de absorber y procesar esta información de manera ágil. Esta combinación, al optimizar el tiempo y mejorar la comprensión, ofrece una solución efectiva a las demandas formativas actuales, caracterizadas por la falta de tiempo y la sobrecarga informativa.

Capítulo 5

Técnicas y herramientas para el microaprendizaje

1. Los Entornos Virtuales de Aprendizaje (EVA)

El microaprendizaje y los Entornos Virtuales de Aprendizaje (EVA) (Aguilar y Otuyemi, 2020), han convergido para crear experiencias educativas más dinámicas, personalizadas y eficaces. Los EVA permiten distribuir contenido en dosis altamente focalizadas, revolucionando nuestra forma de aprender.

Los EVA son plataformas digitales diseñadas para facilitar la interacción entre docentes y estudiantes, proporcionando acceso a recursos educativos, actividades formativas y sistemas de retroalimentación sobre el desempeño del alumno. Un ejemplo representativo es *Moodle*, una plataforma donde los estudiantes pueden acceder a contenidos, enviar tareas y comunicarse con sus profesores y compañeros.

El microaprendizaje dentro de estos entornos implica la entrega de contenidos educativos en pequeñas unidades, para su consumo rápido y en cualquier momento. Estos microcontenidos pueden adoptar diversos formatos: vídeos cortos, infografías, simulaciones interactivas o cuestionarios diseñados para facilitar la comprensión y asimilación de la información de manera rápida.

Un EVA se compone de las tres partes principales que nos muestra las Figura 5.1.

Figura 5.1. *Entorno Virtual de Aprendizaje*

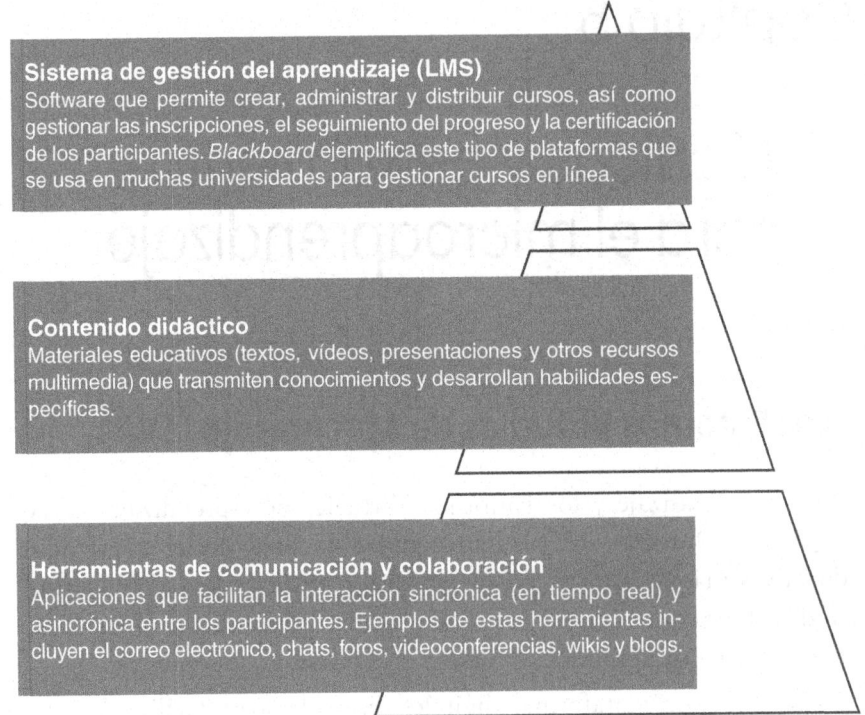

Sistema de gestión del aprendizaje (LMS)
Software que permite crear, administrar y distribuir cursos, así como gestionar las inscripciones, el seguimiento del progreso y la certificación de los participantes. *Blackboard* ejemplifica este tipo de plataformas que se usa en muchas universidades para gestionar cursos en línea.

Contenido didáctico
Materiales educativos (textos, vídeos, presentaciones y otros recursos multimedia) que transmiten conocimientos y desarrollan habilidades específicas.

Herramientas de comunicación y colaboración
Aplicaciones que facilitan la interacción sincrónica (en tiempo real) y asincrónica entre los participantes. Ejemplos de estas herramientas incluyen el correo electrónico, chats, foros, videoconferencias, wikis y blogs.

Los EVA funcionan a través de una conexión a internet, lo que permite acceder a la plataforma desde cualquier dispositivo y ubicación. Los usuarios deben registrarse con un nombre de usuario y contraseña para acceder a los cursos, donde pueden consultar contenidos, realizar actividades, comunicarse con docentes y compañeros, recibir retroalimentación y consultar sus calificaciones.

Estos entornos ofrecen una serie de ventajas para la educación actual:

- *Accesibilidad*: el acceso a la educación se amplía al eliminar barreras de tiempo y espacio. Los estudiantes pueden estudiar desde cualquier lugar y en cualquier momento.

- *Autonomía*: favorecen la autonomía del estudiante, permitiéndole gestionar su propio ritmo de aprendizaje según sus necesidades y disponibilidad.

- *Competencias digitales*: los estudiantes desarrollan habilidades tecnológicas al utilizar diversas herramientas digitales durante su proceso formativo.

- *Interacción y colaboración*: los EVA fomentan la interacción entre estudiantes y docentes, promoviendo el intercambio de información, experiencias y opiniones.

- *Variedad de contenidos*: enriquecen el aprendizaje al incorporar múltiples formatos (textos, imágenes, vídeos, audios) que facilitan la comprensión y mantienen el interés de los estudiantes.

Para resultar realmente efectivo, un espacio virtual de aprendizaje debe integrar los siguientes elementos característicos:

- *Plataforma tecnológica robusta*: infraestructura que soporta el funcionamiento del espacio virtual y facilita la comunicación entre los participantes, como *Moodle*, *Google Classroom* o *Canvas*.

- *Diseño instruccional*: define los objetivos, contenidos, metodologías y estrategias de evaluación del curso o programa. Por ejemplo, en un curso de matemáticas, el diseño instruccional puede incluir vídeos explicativos seguidos de ejercicios interactivos para practicar lo aprendido.

- *Equipo docente cualificado*: profesores que orientan a los estudiantes, proporcionan retroalimentación, gestionan el contenido y solucionan problemas técnicos.

- *Comunidad de estudiantes*: usuarios que interactúan con los contenidos y entre sí, aprendiendo de manera colaborativa.

- *Recursos educativos diversificados*: materiales en diversos formatos (textos, vídeos, audios, etc.) que apoyan el desarrollo de las competencias específicas del curso. Por ejemplo, un curso de historia puede incluir PDF con información complementaria, vídeos de conferencias y audios de entrevistas.

- *Sistema de evaluación*: mecanismos para medir el progreso de los estudiantes en relación con los objetivos del curso, incluyendo evaluaciones individuales y grupales con retroalimentación para mejorar el proceso educativo.

Los entornos virtuales de aprendizaje y el microaprendizaje se complementan perfectamente para ofrecer una experiencia educativa más flexible, accesible y efectiva. Gracias a su estructura y funcionalidades, los EVA no solo mejoran la interacción y el acceso a recursos educativos, sino que también promueven el aprendizaje autónomo y la colaboración entre estudiantes y docentes.

2. Métodos de dinamización de la microformación en entornos virtuales

Dinamizar la microformación en entornos virtuales implica una combinación estratégica de elementos lúdicos, interacción social, variedad de formatos y personalización para mejorar la experiencia de aprendizaje. A continuación, se describen algunos de los métodos más efectivos:

- *Gamificación*: incorpora elementos como puntos, insignias y desafíos que transforman el aprendizaje en un juego, incrementando la motivación al establecer sistemas de progresión, recompensas por logros o competiciones constructivas. Por ejemplo, en una clase de historia, los estudiantes pueden acumular puntos por completar investigaciones, participar en debates o demostrar comprensión en evaluaciones, fomentando el compromiso continuo.

- *Espacios de interacción social*: los foros de discusión y los chats en vivo fomentan la interacción entre los estudiantes y docentes, creando comunidades de aprendizaje donde los alumnos comparten ideas, resuelven dudas y colaboran en proyectos compartidos. Un foro temático sobre ciencia, por ejemplo, permite a los estudiantes debatir teorías, compartir recursos complementarios y reflexionar conjuntamente sobre los conceptos aprendidos.

- *Diversificación de formatos*: la variedad de recursos (microvídeos, simulaciones interactivas, infografías) ayuda a mantener el interés y a adaptarse a los diferentes estilos cognitivos. Un estudiante visual puede preferir un vídeo explicativo, mientras que otro más auditivo aprovechará mejor un pódcast sobre el mismo tema.

- *Itinerarios personalizados*: la personalización de las rutas de aprendizaje permite a cada estudiante avanzar a su ritmo y según sus intereses. Además, ofrecer retroalimentación inmediata también aumenta la motivación al permitir corregir errores y mejorar en tiempo real. Por ejemplo, un sistema de preguntas interactivas en un curso de matemáticas puede ofrecer *feedback* instantáneo sobre las respuestas correctas o incorrectas, ayudando a los estudiantes a optimizar el proceso de aprendizaje.

- *Tecnologías inmersivas*: la realidad virtual (RV) y la realidad aumentada (RA) ofrecen experiencias formativas más inmersivas. En un curso de biología, por ejemplo, los estudiantes pueden usar la realidad virtual para "viajar" a través del cuerpo humano, visualizando cómo circula la sangre o cómo se desarrolla una célula, perspectivas imposibles en la educación tradicional.

- *Proyectos colaborativos*: el trabajo en equipo fomenta la colaboración y el aprendizaje social. Los estudiantes pueden trabajar juntos en proyectos de investigación o presentar soluciones a problemas complejos, mejorando a la vez sus habilidades de comunicación y cooperación.

Para implementar de manera efectiva estas estrategias se requiere un diseño instruccional bien estructurado, seleccionar la tecnología adecuada y realizar evaluaciones constantes. Una planificación cuidadosa garantiza que estas dinámicas generen aprendizajes significativos y relevantes para los estudiantes. Estos métodos de dinamización en entornos virtuales ofrecen beneficios tanto para los docentes como para los estudiantes:

- *Mejora de la comunicación*: fomentan un clima de confianza, respeto y cooperación entre estudiantes y docentes.

- *Estímulo de la creatividad y el pensamiento crítico:* al proponer retos, proyectos y problemas, se impulsa la reflexión y la solución de problemas.

- *Desarrollo de competencias digitales:* los estudiantes adquieren competencias tecnológicas mediante el uso de herramientas digitales diversas para acceder, compartir y producir contenidos.

- *Aumento de la motivación:* la autonomía y flexibilidad incrementan la responsabilidad de los estudiantes hacia el aprendizaje.

- *Mejora del rendimiento académico y satisfacción:* los estudiantes disfrutan más del proceso educativo y logran mejores resultados.

A continuación, se presentan algunos ejemplos de cómo los docentes pueden dinamizar un aula virtual:

- *Curso de historia del arte:* el docente puede usar una plataforma educativa para crear módulos interactivos con contenidos multimedia (vídeos, audios o lecturas). Además, los estudiantes pueden participar en foros temáticos en los que analizan diferentes movimientos artísticos y colaboran en proyectos grupales.

- *Blog de literatura infantil y juvenil:* un profesor de literatura puede utilizar un blog para compartir reseñas de libros, recursos educativos y actividades de lectura, permitiendo a los estudiantes comentar sobre libros que han leído, recomendar lecturas y escribir reseñas literarias.

- *Clases de matemáticas interactivas:* utilizando herramientas de videoconferencia, el educador puede organizar sesiones sincrónicas para explicar conceptos, resolver dudas en tiempo real y organizar juegos matemáticos que ayuden a comprender conceptos abstractos.

La dinamización en entornos virtuales requiere una combinación de métodos innovadores, herramientas tecnológicas apropiadas y estrategias pedagógicas que favorezcan la participación activa de los estudiantes. Estos métodos no solo mejoran la motivación y el aprendizaje, sino que permiten a los estudiantes desarrollar habilidades que les serán útiles en su vida profesional y personal.

3. Las insignias digitales en la microformación

Las insignias digitales son un elemento que ha ido ganando relevancia en la formación, como reconocimientos visibles y tangibles de los logros alcanzados. Más que simples certificaciones, estas insignias motivan a los estudiantes, validan sus competencias y les permiten construir un portafolio digital que documenta su trayectoria formativa.

Al integrar elementos de gamificación en el proceso educativo, las insignias fomentan la adquisición de nuevas habilidades. Por ello, en el competitivo mercado laboral actual, se han convertido en un recurso valioso, ayudando a los profesionales a destacar y demostrar sus capacidades de manera clara y concisa.

Estas credenciales se asemejan a medallas virtuales que reconocen los logros y competencias adquiridas por los estudiantes en sus formaciones en línea. No son solo imágenes; cada insignia contiene información detallada sobre el aprendizaje alcanzado, incluyendo los criterios de evaluación y las competencias demostradas.

En el ámbito del *e-learning*, las insignias son esenciales para que los estudiantes puedan visualizar su progreso y ofrecer una forma tangible de demostrar sus conocimientos y habilidades ante empleadores e instituciones. Además, estas insignias pueden personalizarse para adaptarse a los diferentes estilos de aprendizaje y objetivos educativos de los estudiantes.

De cara al futuro, se espera que las insignias digitales se integren aún más con los sistemas de gestión de aprendizaje (LMS) y los portafolios digitales, permitiendo que los estudiantes construyan un registro completo y verificable de sus logros a lo largo de su trayecto educativo. Estos posibles desarrollos futuros para las insignias digitales incluyen:

- *Integración con los sistemas de gestión de aprendizaje (LMS):* se lograría mayor integración en los LMS facilitando una gestión más automatizada y eficiente.

- *Construcción de credenciales más complejas:* servirían como elementos fundamentales para crear credenciales más complejas, como certificados o diplomas.

- *Reconocimiento de habilidades blandas:* se utilizarían para reconocer habilidades blandas como trabajo en equipo, comunicación o creatividad.

- *Implementación en la educación superior:* las universidades implementarían las insignias para reconocer microcredenciales o módulos específicos de programas de estudio.

Este enfoque no solo incentiva el aprendizaje continuo, sino que también proporciona a los estudiantes una visualización clara y accesible de sus avances y competencias desarrolladas.

4. El aprendizaje electrónico móvil y la microformación

La microformación y el aprendizaje electrónico móvil (*m-learning*) forman una alianza potente en la era digital. Mientras la microformación ofrece contenidos concisos y específicos, el *m-learning* aporta la flexibilidad y la ubicuidad necesarias para acceder a estos microcontenidos sin restricciones de tiempo y lugar. Esta combinación permite personalizar el aprendizaje, facilitando el acceso a información relevante justo cuando se necesita, y favorece la consolidación de conocimientos gracias a la portabilidad de los dispositivos móviles.

El m-learning se define como el uso de dispositivos móviles (teléfonos inteligentes, tabletas o relojes inteligentes) para acceder a contenidos educativos, interactuar con otros participantes y realizar actividades de aprendizaje en cualquier lugar y momento. Esta metodología aprovecha las ventajas de la movilidad, la conectividad, la ubicuidad y la personalización que estos dispositivos ofrecen.

Esta modalidad formativa no solo complementa, sino que en algunos casos sustituye al aprendizaje presencial o *e-learning*, adaptándose a las necesidades, preferencias y contextos de los usuarios. Sin embargo, también plantea desafíos para el diseño instruccional, la gestión de información y los procesos evaluativos.

El *m-learning* (García-Bullé, 2019) ofrece ventajas que mejoran la experiencia de aprendizaje:

- *Flexibilidad*: permite a los estudiantes adaptar su ritmo y horario de estudio según sus necesidades e intereses. Pueden aprender desde cualquier lugar con conexión a internet, como su hogar, el trabajo o desplazamientos en transporte público.

- *Accesibilidad*: facilita el acceso a una amplia variedad de recursos educativos: cursos, vídeos, pódcast, juegos o aplicaciones. Estos recursos pueden descargarse o consultarse en línea y suelen ofrecer diferentes niveles de dificultad, interactividad y personalización.

- *Motivación*: fomenta la participación activa mediante una experiencia dinámica, lúdica y colaborativa. Los estudiantes pueden elegir temas según su interés, reciben retroalimentación inmediata, comparten conocimientos con otros y obtienen reconocimientos o recompensas por su desempeño.

- *Innovación*: promueve la adquisición de competencias digitales, pensamiento creativo y crítico, al incentivar el uso de herramientas tecnológicas para buscar, analizar, crear y comunicar información. También facilita la resolución de problemas complejos y la generación de soluciones originales.

A pesar de sus ventajas, el *m-learning* enfrenta ciertas limitaciones que pueden condicionar su eficacia:

- *Tamaño de pantalla*: las pantallas pequeñas dificultan la visualización de textos, gráficos y vídeos, así como la interacción con la interfaz. Por tanto, perjudica la accesibilidad de determinados colectivos.

- *Conectividad variable*: los problemas de conexión a internet pueden afectar a la velocidad, la calidad y la continuidad de la transmisión de contenidos y limitar la posibilidad de descargar determinados recursos que requieren un ancho de banda considerable.

- *Distracciones*: notificaciones, llamadas u otras aplicaciones pueden interrumpir el aprendizaje, reduciendo la concentración necesaria.

- *Autonomía y gestión del tiempo*: requiere que los estudiantes sean responsables y disciplinados, con habilidades para planificar y organizar sus actividades de aprendizaje.

- *Interacción limitada*: la interacción con docentes y compañeros puede ser menos fluida debido a la falta de sincronía, la ausencia de señales no verbales y la dependencia de herramientas tecnológicas.

Estas limitaciones pueden ser minimizadas mediante las siguientes estrategias pedagógicas y tecnológicas:

1. Diseñar contenidos optimizados para dispositivos móviles adaptando el formato, el diseño y la estructura de la información para ofrecer una experiencia de usuario óptima en pantallas más pequeñas. Esta optimización incluye simplificar el diseño, utilizar tipografías legibles, optimizar las imágenes y garantizar una carga rápida de las páginas. Además, es fundamental considerar los patrones de comportamiento de los usuarios móviles, que tienden a realizar búsquedas más cortas y directas. Un diseño adaptativo a estos dispositivos mejora la visibilidad de los resultados de búsqueda y aumenta la tasa de conversión.

2. Garantizar conectividad estable y opciones de descarga para el acceso sin conexión, pues una conexión a internet estable permite acceder a la información de forma rápida y fluida, mientras que las opciones de descarga habilitan la consulta de contenidos sin conexión, lo cual resulta esencial en áreas con señal débil o nula. Además, al permitir que los usuarios descarguen contenidos, se reduce el consumo de datos y se optimiza la autonomía de los dispositivos.

3. Fomentar el desarrollo de habilidades digitales en estudiantes y docentes. Capacitarlos en áreas como programación, diseño digital y uso avanzado de herramientas colaborativas en línea, brinda las competencias necesarias para participar activamente en la sociedad digital. Los docentes, por su parte, como facilitadores del aprendizaje, requieren actualización permanente y conocer las últimas tendencias tecnológicas para integrarlas de manera efectiva en sus clases y crear experiencias de aprendizaje dinámicas y significativas.

4. Promover hábitos de estudio efectivos y técnicas de autogestión. Al enseñarles a establecer metas claras, organizar su tiempo de manera eficiente, seleccionar estrategias de estudio adecuadas y gestionar su estrés, los estudiantes adquieren herramientas valiosas para mejorar su rendimiento académico y su bienestar. Estas habilidades les serán útiles tanto en el ámbito académico como profesional.

La integración entre microformación y *m-learning* redefine el aprendizaje en la era digital. Mientras la microformación adapta el contenido a un formato breve y accesible, el *m-learning* amplía su alcance al ofrecerlo de manera flexible y ubicua. Al superar las limitaciones asociadas, esta combinación puede transformar la experiencia educativa, haciéndola más efectiva, atractiva y alineada con las necesidades formativas de la sociedad actual.

5. El *escape room* y sus aplicaciones en la microformación

La fusión de *escape room* y microformación introduce una innovadora forma de aprendizaje. Al resolver enigmas enmarcados en una narrativa, los estudiantes combinan la emoción del juego con la precisión de los microcontenidos, creando experiencias educativas dinámicas y efectivas. Una vez más, se aprovechan los principios de la gamificación para transformar contenidos teóricos en desafíos prácticos.

Un *escape room* (Ramírez Vásquez y Rosas Escalona, 2023) es una actividad lúdica estructurada que consiste en resolver una serie de enigmas y desafíos en un tiempo limitado, normalmente una hora, para escapar de una habitación o un espacio cerrado. Los participantes deben usar su ingenio, creatividad, lógica y trabajo en equipo para lograr el objetivo.

Este tipo de actividad tiene su origen en los videojuegos de aventuras, donde el jugador debe explorar el entorno, recoger objetos, combinar pistas y resolver puzles para avanzar en la historia. El primer *escape room* físico se creó en Japón en 2007, inspirado en el videojuego *Crimson Room*.

Desde entonces, se han popularizado por todo el mundo, diversificándose en temáticas, ambientaciones y niveles de dificultad.

En el ámbito educativo, los *escape rooms* ofrecen numerosas aplicaciones tanto en contextos formales como informales. Entre los principales beneficios que aportan destacan:

- *Los cognitivos*: mejoran la memoria, la atención, el razonamiento lógico y la resolución de problemas.

- *Los socioemocionales*: fomentan la colaboración, la empatía y la gestión del estrés.

- *Los motivacionales*: ofrecen retos dinámicos que convierten el aprendizaje en una experiencia divertida y significativa.

En la Figura 5.2 se muestran los componentes que debe incluir un *escape room* educativo para desempeñar efectivamente su función formativa.

El *escape room* transforma el proceso de aprendizaje en un juego, lo que aumenta la motivación y el *engagement*. Los participantes no son simples receptores de información, sino que interactúan activamente con el contenido, resolviendo problemas y tomando decisiones significativas.

La aplicación del *escape room* a la microformación se materializa a través de diversos formatos:

- *Simulaciones*: escenarios virtuales que replican situaciones reales donde los participantes aplican los conocimientos adquiridos para resolver problemas realistas.

- *Juegos de rol*: experiencias donde los participantes asumen roles y trabajan juntos para alcanzar un objetivo común.

- *Cazas del tesoro digitales*: secuencias de desafíos y pistas que guían a los participantes hacia la solución final.

- *Plataformas interactivas de aprendizaje*: entornos digitales que permiten crear experiencias de *escape room* personalizadas, adaptando el nivel de dificultad y los contenidos a las necesidades específicas de cada grupo de participantes.

Figura 5.2. *Componentes de un escape room educativo*

Temática

El argumento o la historia que da sentido a la experiencia. Puede estar basado en una película, un libro, un hecho histórico, una leyenda, etc. La temática influye en el diseño, la ambientación y la naturaleza de los enigmas del *escape room*.

Conjunto de elementos visuales, sonoros y sensoriales que recrean el escenario donde se desarrolla la actividad. La ambientación ayuda a sumergir a los participantes en la historia y a crear una atmósfera apropiada, de tensión, misterio, diversión, etc.

Ambientación

Enigmas

Problemas, acertijos, puzles, juegos de lógica, etc. que los participantes deben resolver para avanzar en la historia y conseguir el objetivo. Los enigmas pueden estar relacionados con la temática o ser más genéricos, pueden tener distintos niveles de dificultad y requerir distintas habilidades (observación, deducción, memoria, destreza, etc.).

Pruebas físicas o mentales que los participantes deben superar para conseguir pistas, objetos o acceso a otros espacios del *escape room*. Los desafíos pueden implicar habilidades concretas como agilidad, equilibrio, fuerza, coordinación, etc.

Desafíos

Pistas

Ayudas estratégicas dosificadas que se proporcionan a los participantes cuando se quedan atascados o no saben cómo resolver un enigma o un desafío. Las pistas pueden ser directas o indirectas, y pueden estar integradas en la ambientación o ser facilitadas por el monitor.

Elementos que se encuentran en el *escape room* y que pueden ser útiles para resolver los enigmas o los desafíos: llaves, candados, códigos, mapas, linternas, etc. Algunos objetos pueden estar ocultos o requerir una combinación para poder utilizarlos.

Objetos

Monitor

Persona encargada de supervisar el desarrollo de la actividad y de garantizar la seguridad y el disfrute de los participantes. El monitor puede estar presente en el *escape room* o comunicarse con los participantes a través de una pantalla o un altavoz, y puede intervenir para dar pistas, resolver dudas o corregir errores.

6. La gamificación del aprendizaje y los microcontenidos: una revolución pedagógica

La gamificación está transformando profundamente la manera en que se concibe y se implementa la educación. Al integrar elementos característicos de los juegos como puntos, insignias, niveles y desafíos, esta estrategia pedagógica captura la atención de los estudiantes, los motiva a participar activamente y convierte el aprendizaje en una experiencia dinámica y gratificante.

Más allá de fomentar la participación y el compromiso, la gamificación promueve el desarrollo de competencias esenciales como la resolución de problemas, la creatividad y el trabajo en equipo. Al hacer del aprendizaje una experiencia significativa y atractiva, contribuye a mejorar los resultados académicos y a consolidar una relación más enriquecedora entre los estudiantes y los contenidos educativos.

Figura 5.3. *Beneficios de la gamificación en la educación*

La gamificación del aprendizaje consiste en la aplicación de elementos, principios y dinámicas propias de los juegos a entornos educativos, con el objetivo de motivar, involucrar y potenciar el aprendizaje. La Figura 5.3 ilustra los principales beneficios de esta metodología en el contexto educativo.

La gamificación puede implementarse en diversos niveles y modalidades educativas, desde actividades específicas hasta cursos completos, y desde entornos presenciales hasta la formación en línea. Entre los elementos más utilizados destacan:

- *Retos y objetivos claros y desafiantes*: mantienen a los estudiantes enfocados y motivados.
- *Niveles de dificultad progresivos*: permiten un aprendizaje adaptado al ritmo individual de cada estudiante.
- *Sistemas de recompensa*: puntos, insignias y medallas refuerzan el esfuerzo y el logro.
- *Clasificaciones y rankings*: fomentan una competencia saludable y motivadora.
- *Narrativas y personajes*: contextualizan el aprendizaje y generan interés.
- *Roles y avatares*: personalizan la experiencia y refuerzan la identidad.
- *Elementos de azar y sorpresa*: introducen dinamismo y entretenimiento en el aprendizaje.

El éxito de la gamificación (Manzano-León et al., 2020) requiere una planificación rigurosa, un diseño pedagógico sólido y una evaluación constante. Es esencial garantizar que las dinámicas implementadas estén alineadas con los objetivos pedagógicos. Cada elemento debe responder a metas de aprendizaje claras y medibles, ser pertinente para los estudiantes, considerar las necesidades, preferencias y características del grupo destinatario y respetar la ética y la equidad educativa, evitando la exclusión, la competencia excesiva o los sesgos.

Lejos de representar una tendencia pasajera, la gamificación representa una oportunidad para innovar y mejorar la calidad educativa actual.

Cuando se diseña e implementa adecuadamente, puede generar resultados significativos:

- *Mayor motivación y compromiso*: los estudiantes se sienten desafiados, reconocidos y entretenidos.

- *Mejora del aprendizaje y el rendimiento*: el *feedback* inmediato y personalizado optimiza los procesos de adquisición de conocimientos.

- *Impulso a la creatividad e innovación*: las dinámicas lúdicas inspiran nuevas formas de abordar problemas.

- *Creación de comunidades de aprendizaje*: las actividades gamificadas fomentan un sentido de pertenencia y cooperación.

La gamificación se revela como una estrategia poderosa y versátil que, cuando se implementa con profesionalismo, puede transformar el aprendizaje en un proceso enriquecedor y efectivo. La adaptación de sus elementos a las características específicas de los usuarios y a las metas educativas garantiza no solo mejores resultados académicos, sino también una experiencia más significativa para todos los participantes.

Capítulo 6

Evaluación y acreditación del microaprendizaje

1. Evaluación de la microformación: técnicas y criterios

Evaluar la microformación es fundamental para asegurar su eficacia y relevancia. Este proceso no solo verifica el cumplimiento de los objetivos, sino que también identifica áreas de mejora, permitiendo optimizar futuros programas de aprendizaje. Los métodos de evaluación deben adaptarse a las características de cada formación, considerando sus objetivos, contenido y perfil de los participantes.

La implementación de estos criterios requiere un conjunto de técnicas e instrumentos de evaluación:

- *Cuestionarios y encuestas*: herramientas que recogen datos sobre la satisfacción y comprensión por parte de los participantes.

- *Entrevistas y observaciones*: métodos que evalúan el comportamiento y la capacidad de aplicar lo aprendido.

- *Análisis de datos*: sistemas que proporcionan métricas objetivas, como tasas de finalización y tiempo dedicado a las unidades.

- *Porfolios:* evidencias que documentan el progreso y los logros de los estudiantes a lo largo del proceso formativo.

La Figura 6.1 nos muestra el marco evaluativo de la microformación (Vargas Zúñiga, 2015) y sus criterios esenciales.

Figura 6.1. *Evaluación de la microformación*

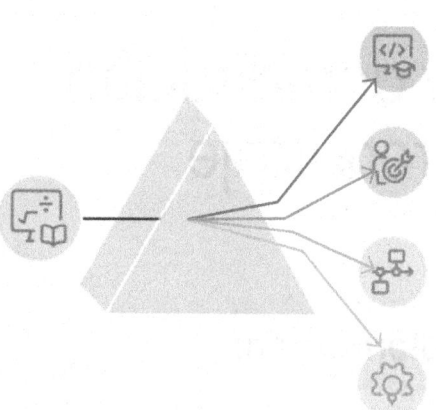

Calidad del diseño instruccional

Coherencia, claridad y relevancia de los objetivos, actividades y recursos.

Eficacia del aprendizaje

Nivel de cumplimiento de los objetivos, satisfacción de los participantes e impacto en su desempeño.

Eficiencia del proceso

Uso óptimo de los recursos: tiempo, inversión económica, herramientas disponibles, en relación con los resultados obtenidos.

Innovación y creatividad

Capacidad del curso para generar interés, motivación y ofrecer soluciones adaptadas a las necesidades de los participantes.

Un enfoque particularmente valioso en el contexto de la microformación es la *microevaluación*, caracterizada por su brevedad, frecuencia y capacidad de adaptación. Esta modalidad permite medir el progreso en tiempo real y ajustar la experiencia formativa según las necesidades individuales detectadas. Una microevaluación puede consistir en una pregunta, un ejercicio práctico, un juego, una encuesta, un cuestionario o cualquier otra intervención que proporcione información sobre la comprensión de los estudiantes. Estas evaluaciones breves ayudan a mejorar el proceso de enseñanza-aprendizaje y a adaptarlo a las necesidades de cada estudiante.

Para implementar este tipo de evaluaciones, existen diversas herramientas y técnicas:

* *Encuestas de satisfacción*: dan a conocer la opinión de los alumnos sobre el curso y sus contenidos.

* *Pruebas de conocimiento:* miden la adquisición de conocimientos y habilidades.

* *Análisis de datos*: permiten examinar datos cuantitativos, como el tiempo de dedicación al curso o la tasa de finalización, para obtener una visión más objetiva de los resultados.

* *Observación*: ayuda a evaluar el comportamiento de los alumnos durante el curso y su capacidad para aplicar los conocimientos adquiridos.

2. Microcredenciales: ¿la titulación del futuro?

El vertiginoso cambio del mercado laboral, evidenciado por los datos e informes del Foro Económico Mundial, demanda una actualización constante de competencias profesionales. Las microcredenciales surgen como una respuesta a esta necesidad, ofreciendo una certificación flexible y específica de habilidades concretas.

Según el Foro Económico Mundial[1], la mitad de los profesionales actuales, independientemente de su cualificación inicial, tendrán que actualizar sus competencias en los próximos cinco años y el 65 % de los trabajos que realizarán los nacidos en la generación Z aún no existen. La acreditación de competencias laborales encontrará en las microcredenciales un instrumento fundamental para afrontar ese escenario de cambio. Estas certificaciones acreditan el aprendizaje de competencias específicas, normalmente relacionadas con un ámbito profesional o académico.

---

[1] Foro Económico Mundial (09/01/2025). El nuevo informe del Foro Económico Mundial prevé cambios globales en el empleo. DigitalInside. https://digitalinside.es/el-nuevo-informe-del-foro-economico-mundial-preve-cambios-globales-en-el-empleo/

A diferencia de los títulos tradicionales, estas nuevas acreditaciones valoran logros concretos y medibles, lo que las convierte en una herramienta flexible y adaptable a las necesidades del mercado laboral. Las microcredenciales ofrecen múltiples beneficios. Señalamos algunos de ellos en la Figura 6.2.

Figura 6.2. *Beneficios de las microcredenciales*

Para obtener una microcredencial, el candidato completa un proceso de formación que puede incluir cursos en línea, proyectos prácticos o evaluaciones. Al finalizar, se emite un certificado digital que acredita las competencias adquiridas, el cual puede tener un valor tanto académico como profesional. Estas actividades formativas se diseñan siguiendo criterios de calidad, rigor y relevancia, y se evalúan mediante sistemas de verificación y validación de competencias.

Las microcredenciales representan, por tanto, una innovación significativa en el ámbito educativo, respondiendo a las demandas de un mercado laboral en constante evolución. Al ofrecer una forma flexible y personalizada de aprender, empoderan a las personas y las organizaciones, impulsando el desarrollo profesional continuo y la competitividad.

3. Microcredenciales y competencias

Las microcredenciales ofrecen ventajas significativas en el mercado laboral actual, caracterizado por su constante evolución. Estas credenciales digitales permiten a los profesionales demostrar habilidades específicas, lo que resulta invaluable en sectores de alta demanda técnica. Por ejemplo, un diseñador gráfico puede destacar en los procesos de selección al certificar su dominio en software avanzado de edición.

Las competencias son la combinación de habilidades, capacidades y conocimientos que una persona posee para cumplir eficientemente una tarea o función determinada. Estas se adquieren a través del aprendizaje y la formación continua, y se aplican en diversos ámbitos, tanto profesionales como educativos.

Desde la perspectiva educativa, las microcredenciales fomentan el aprendizaje permanente y ofrecen vías flexibles e inclusivas para adquirir conocimientos especializados. Este aspecto es particularmente relevante en un mundo donde los profesionales necesitan mantenerse actualizados sin interrumpir sus actividades laborales. Al estar alineadas con marcos de competencias reconocidos y validadas mediante evaluaciones rigurosas, estas credenciales garantizan estándares de calidad y relevancia para el mercado laboral actual.

Este reconocimiento detallado del aprendizaje facilita a los empleadores la identificación precisa de las competencias de los candidatos. Además, las microcredenciales proporcionan un modelo de aprendizaje flexible, permitiendo a los profesionales actualizar sus habilidades continuamente y a su propio ritmo, una cualidad esencial en un mercado que valora la adaptabilidad y el aprendizaje permanente.

Las organizaciones también obtienen beneficios, asegurando que sus colaboradores se mantengan actualizados con las últimas habilidades y prácticas relevantes para su sector. En el ámbito tecnológico, por ejemplo, los empleados pueden obtener microcredenciales en nuevas herramientas de programación para mantener la competitividad de la empresa.

La actualización constante es una ventaja clave de este sistema. En un entorno donde las tecnologías y metodologías cambian rápidamente, estas credenciales permiten a los profesionales mantenerse vigentes, mejorando su empleabilidad y garantizando que las empresas cuenten con equipos capacitados y versátiles. Además, su accesibilidad y asequibilidad las convierten en una opción atractiva para quienes buscan mejorar sus habilidades sin los elevados costos y los extensos tiempos asociados a la educación tradicional.

4. El enfoque europeo de las microcredenciales

El enfoque europeo de las microcredenciales[2] se centra en su uso como herramientas flexibles, inclusivas y estandarizadas para el aprendizaje permanente y la empleabilidad. Estas certificaciones validan competencias específicas adquiridas en experiencias formativas breves, como cursos o capacitaciones, y están diseñadas para responder a las demandas de un mercado laboral en constante cambio.

En este contexto, la Unión Europea ha establecido una definición común y principios básicos para su diseño, emisión y reconocimiento, garantizando calidad, transparencia y portabilidad entre los Estados miembros. Esta estandarización fomenta la movilidad laboral dentro de la UE y permite a las personas acumular microcredenciales en itinerarios formativos personalizados.

---

[2] BOE. Recomendación del Consejo de 16 de junio de 2022 relativa a un enfoque europeo de las microcredenciales para el aprendizaje permanente y la empleabilidad. «DOUE» núm. 243, de 27 de junio de 2022, páginas 10 a 25 (16 págs.). https://www.boe.es/buscar/doc.php?id=DOUE-Z-2022-70041

La Recomendación del Consejo de junio de 2022 marcó un hito significativo al proponer normas europeas comunes y promover su integración en marcos nacionales de cualificaciones. Además, busca facilitar su implementación mediante herramientas como el Sistema Europeo de Transferencia de Créditos (ECTS) y plataformas como Europass. Este enfoque también incluye el apoyo financiero a través de programas como Erasmus+ y el intercambio de buenas prácticas entre los Estados miembros.

La Unión Europea está promoviendo activamente el desarrollo e implementación de las microcredenciales como una herramienta estratégica para fomentar el aprendizaje permanente, mejorar la empleabilidad y facilitar la adquisición de competencias específicas en diversos sectores. Estas iniciativas están alineadas con objetivos estratégicos fundamentales como el Área Europea de Educación 2025, el Pilar Europeo de Derechos Sociales y la Agenda de Competencias de la UE.

Las microcredenciales europeas son modulares, apilables y adaptables a las necesidades individuales, lo que las hace especialmente útiles para desarrollar habilidades específicas o actualizar conocimientos en sectores clave. Sin embargo, su desarrollo enfrenta desafíos relacionados con la comparabilidad transfronteriza y el reconocimiento universal, problemas que la UE intenta resolver mediante estándares comunes. En conjunto, este enfoque refuerza el aprendizaje a lo largo de la vida, promueve la inclusión social y mejora las perspectivas laborales en toda Europa.

La recomendación también aborda la insuficiente oferta de capacidades relevantes en el mercado laboral de la UE, instando a los Estados miembros a coordinar estrategias para fomentar una mano de obra cualificada y adaptable. Un elemento esencial de esta política es garantizar el acceso a educación de calidad en diversos formatos, promoviendo el desarrollo personal, social, cultural y profesional, y contribuyendo así a la construcción de una sociedad más inclusiva y equitativa.

Capítulo 7

El microaprendizaje en entornos educativos innovadores

1. El aula del futuro

Las *Future Classroom Lab* (FCL)[1] y la microformación establecen una relación sinérgica que promueve entornos de aprendizaje innovadores, personalizados y adaptados a las necesidades del siglo XXI. Las FCL, con su enfoque en la integración de tecnología educativa y metodologías activas, ofrecen un escenario ideal para implementar estrategias de microformación. Al combinar herramientas digitales avanzadas y recursos educativos innovadores, estos laboratorios facilitan la creación y consumo de microcontenidos que se alinean con las necesidades individuales de los estudiantes y las demandas del mercado laboral actual.

---

[1] Future Classroom Lab. *Estudios de caso del grupo de trabajo sobre aulas interactivas.* https://fcl.eun.org/icwg-case-studies

Esta integración enriquece las experiencias dentro de las FCL al brindar flexibilidad, personalización y un enfoque centrado en el desarrollo de habilidades críticas, como el pensamiento crítico, la creatividad y la autonomía.

Las *Future Classroom Lab*, una iniciativa promovida por la Unión Europea, tienen como objetivo reimaginar la educación a través de la innovación tecnológica y metodológica. Estas aulas del futuro están diseñadas para fomentar métodos de enseñanza interactivos y centrados en el estudiante, equipando a los docentes con estrategias y herramientas para hacer frente a las demandas de una sociedad digitalizada y en constante evolución. Las características clave de las FCL incluyen:

1. *Zonas diferenciadas según actividades formativas.*

   - Espacios de investigación diseñados para la exploración de conceptos mediante el acceso a información y datos. Por ejemplo: utilizar bases de datos online para investigar sobre el cambio climático.

   - Áreas que facilitan la exploración, el aprendizaje experimental a través de simulaciones y realidad virtual. Por ejemplo: simuladores de vuelo para enseñar principios de física.

   - Zonas dedicadas a la colaboración y la comunicación entre estudiantes. Por ejemplo: mesas digitales interactivas para trabajar en proyectos grupales.

   - Espacios enfocados al desarrollo, la producción creativa y la comunicación de ideas. Por ejemplo: grabación de vídeos educativos con cámaras 360° para documentar un experimento.

2. *Tecnología avanzada.*

   - Dispositivos móviles, pizarras digitales interactivas, gafas de realidad virtual y cámaras de grabación son algunas de las herramientas disponibles que permiten a los estudiantes participar en experiencias educativas inmersivas.

3. *Capacitación docente.*

   - Las FCL funcionan también como centros de formación para profesores, ofreciendo talleres y seminarios sobre metodologías activas e integración tecnológica.

La microformación complementa el diseño de las FCL al dividir los contenidos en módulos breves y específicos, ideales para contextos híbridos y flexibles. Este enfoque permite a los estudiantes adquirir conocimientos en pequeñas dosis, adaptadas a sus ritmos y estilos de aprendizaje. Algunos buenos ejemplos de microformación en FCL son:

- *Clases de idiomas*: uso de aplicaciones móviles para practicar vocabulario mediante microdesafíos diarios.

- *Programación básica*: tutoriales en vídeo de cinco minutos que guían a los estudiantes en la creación de programas simples en Python.

- *Ciencia interactiva*: simulaciones cortas en plataformas como PhET para explorar conceptos de física o química.

El impacto combinado de la tecnología en las *Future Classroom Labs* (FCL) y la microformación está provocando cambios en la educación al integrar tecnologías avanzadas y metodologías innovadoras que responden a las necesidades del aprendizaje contemporáneo. Las FCL, diseñadas como espacios educativos flexibles y tecnológicos, fomentan la colaboración, la creatividad y el aprendizaje activo, mientras que la microformación permite adquirir conocimientos de manera rápida y específica a través de módulos breves y personalizados. Juntos, estos enfoques están redefiniendo cómo se enseña y se aprende, promoviendo una educación más inclusiva, accesible y alineada con las demandas de un mundo laboral en constante evolución. Algunos de estos cambios tienen que ver con:

- *La transformación del rol docente*: los educadores evolucionan hacia guías y moderadores, adaptando las experiencias de aprendizaje a la diversidad de ritmos y estilos de sus estudiantes. Por ejemplo, en una actividad de realidad aumentada sobre anatomía humana, el docente facilita el uso de las herramientas a la vez que fomenta el debate crítico.

- *La inclusión y personalización:* las FCL, apoyadas por la microformación, permiten atender las necesidades individuales de los estudiantes, incluyendo aquellos con discapacidades o dificultades específicas de aprendizaje. Por ejemplo: materiales accesibles en formatos como audiolibros o vídeos subtitulados en varias lenguas.

- *El desarrollo de habilidades del siglo XXI*: pensamiento crítico, creatividad, trabajo en equipo y competencias digitales son habilidades potenciadas en este enfoque educativo.

Las *Future Classroom Lab* y la microformación, representan, en conclusión, un avance significativo hacia la creación de entornos educativos nuevos. Este modelo no solo transforma la manera en que los estudiantes aprenden, sino que también inspira a los educadores a innovar en su práctica docente. Al combinar tecnología avanzada con metodologías activas, las FCL y la microformación abren la puerta a una educación más inclusiva, personalizada y alineada con las demandas de un mundo globalizado y digital.

2. La fuerza de los nativos digitales

Los nativos digitales son individuos que han crecido inmersos en la tecnología digital desde una edad temprana, y que han desarrollado una afinidad natural por las herramientas digitales y una capacidad innata para aprender de manera rápida y flexible. Su capacidad para procesar información de forma visual, su preferencia por la inmediatez y sus hábitos de consumir contenidos en pequeñas dosis los convierten en los usuarios ideales de la microformación. Algunas características que definen a los nativos digitales:

- *Inmersión tecnológica*: han crecido en un entorno digital, donde la tecnología es parte integral de su vida diaria.
- *Aprendizaje visual y rápido*: prefieren contenidos visuales y concisos, y son capaces de aprender nuevas habilidades de manera rápida y autónoma.
- *Multitarea:* están acostumbrados a realizar múltiples tareas al mismo tiempo y a acceder a la información de forma instantánea.
- *Personalización*: valoran la posibilidad de personalizar su aprendizaje y avanzar a su propio ritmo.

Ante este perfil característico, la microformación, con sus contenidos cortos, concisos y accesibles desde cualquier dispositivo, se alinea perfectamente con las necesidades y preferencias de los nativos digitales al ofrecer contenidos personalizados y permitirles seleccionar los cursos que más les interesan y avanzar a su propio ritmo; un aprendizaje flexible, pues pueden acceder a los contenidos en cualquier momento y lugar, lo que se adapta a sus estilos de vida dinámicos y una actualización constante, dado que la microformación permite mantenerse al día sobre las últimas tendencias y tecnologías.

Los nativos digitales (Cabra-Torres y Marciales-Vivas, 2009) están redefiniendo la educación, el trabajo y la sociedad en general. Su influencia transformadora se siente en diversos ámbitos:

- *Educación*: impulsan la adopción de modelos educativos más flexibles y personalizados, basados en el aprendizaje activo y colaborativo.
- *Mercado laboral*: son altamente demandados por empresas que buscan profesionales con habilidades digitales y capacidad de adaptación.
- *Emprendimiento*: crean nuevas empresas y *startups* basadas en tecnologías innovadoras.
- *Consumo*: influyen en las tendencias de consumo, demandando productos y servicios digitales cada vez más personalizados.

Pese a sus ventajas adaptativas, estos usuarios digitales también enfrentan desafíos como la sobrecarga de información; los problemas de seguridad digital y el riesgo de adicción a las pantallas. Sin embargo, su capacidad inherente para adaptarse y aprender les permitirá superar estos obstáculos y aprovechar plenamente las oportunidades que ofrece el ecosistema digital.

3. La microformación y el aprendizaje híbrido: una sinergia para la educación del siglo XXI

El microaprendizaje y los modelos híbridos se complementan eficazmente para ofrecer experiencias educativas más eficientes. Al dividir el contenido en unidades específicas, el microaprendizaje se integra de manera natural en los modelos híbridos, permitiendo a los estudiantes acceder al contenido de forma flexible, tanto dentro como fuera del aula. Esta combinación no solo refuerza los conocimientos adquiridos en clase, sino que también personaliza el aprendizaje según las necesidades individuales, fomenta la autonomía de los estudiantes y facilita la evaluación continua y adaptativa.

El aprendizaje híbrido se define como un entorno educativo que combina elementos de la enseñanza presencial y en línea, integrando tecnologías digitales y recursos multimedia con actividades presenciales. Este modelo busca aprovechar lo mejor de ambos mundos para ofrecer una experiencia educativa flexible, personalizada y adaptada a las necesidades de los estudiantes y docentes. Los espacios híbridos permiten realizar actividades tanto en tiempo real como asincrónicas, fomentan la interacción colaborativa entre los participantes y facilitan el acceso a materiales educativos desde cualquier ubicación, promoviendo así un aprendizaje dinámico y continuo.

Los espacios de aprendizaje híbridos han surgido como una respuesta innovadora a las demandas educativas actuales, combinando elementos de los entornos presenciales y virtuales para crear nuevas experiencias de aprendizaje. Estos entornos integran recursos físicos y digitales para conformar un ambiente educativo integral cuyo objetivo es optimizar la experiencia formativa. Estas son algunas de sus características principales:

- *Infraestructura tecnológica avanzada*: aulas físicas equipadas con herramientas como pizarras inteligentes, proyectores interactivos y dispositivos móviles.

- *Plataformas en línea*: sistemas que facilitan el acceso a materiales del curso, la interacción entre estudiantes y profesores y la participación en actividades virtuales.

- *Herramientas de comunicación*: tecnologías que garantizan la interacción efectiva entre todos los participantes, independientemente de su ubicación geográfica.

Este modelo de aprendizaje híbrido aporta múltiples ventajas para estudiantes, docentes e instituciones educativas:

- *Flexibilidad*: permite a los estudiantes aprender a su ritmo y desde cualquier lugar, ajustando la educación a sus necesidades.

- *Personalización*: facilita la adaptación de los métodos de enseñanza y recursos a las necesidades específicas de cada estudiante.

- *Mayor participación*: los entornos híbridos fomentan un mayor compromiso y motivación, generando mejores resultados.

- *Acceso global a recursos*: proporciona una amplia variedad de materiales educativos internacionales que enriquecen su perspectiva.

- *Preparación para el futuro*: equipa a los estudiantes con habilidades esenciales para un mundo laboral cada vez más digital y globalizado.

A pesar de sus ventajas, los espacios de aprendizaje híbridos presentan también desafíos importantes que requieren una planificación estratégica:

- *Brecha digital*: no todos los estudiantes cuentan con acceso equitativo a la tecnología o habilidades digitales necesarias.

- *Diseño e implementación*: crear entornos híbridos efectivos exige un diseño cuidadoso y una alineación con los objetivos educativos.

- *Capacitación docente*: los profesores necesitan formación específica para utilizar tecnologías y metodologías híbridas de manera óptima.

- *Evaluación y seguimiento*: es esencial desarrollar mecanismos efectivos para evaluar y monitorear el progreso de los estudiantes en estos entornos.

Los espacios de aprendizaje híbridos representan, en definitiva, una evolución transformadora en el panorama educativo actual. Al combinar lo mejor del aprendizaje presencial y virtual, ofrecen una oportunidad única para personalizar y enriquecer las experiencias formativas, preparando a los estudiantes para los desafíos de un mundo en constante cambio. Sin embargo, para garantizar el éxito de este modelo educativo innovador, es fundamental abordar los desafíos inherentes, promover la equidad en el acceso y proporciona a los docentes la formación necesaria para el uso de estas herramientas.

4. La microformación y el aprendizaje colaborativo: un enfoque innovador para el desarrollo de competencias

La microformación y el aprendizaje colaborativo (Galiana, 2021) son dos metodologías educativas complementarias que, al combinarse, ofrecen un enfoque poderoso e innovador para el desarrollo de competencias.

La microformación permite a los estudiantes adquirir conocimientos relevantes de manera flexible y adaptada a sus necesidades individuales.

Por su parte, el aprendizaje colaborativo adapta los contenidos a las necesidades e intereses de cada grupo. Los estudiantes participan activamente en la resolución de problemas, el intercambio de ideas y la construcción conjunta de nuevos conceptos. Este enfoque fomenta la participación activa, la autonomía, la responsabilidad y la capacidad para trabajar en equipo. Además, promueve la diversidad de perspectivas, valorando los aportes de todos los participantes en el proceso de aprendizaje.

Para optimizar esta sinergia, a continuación se presentan algunas estrategias para fomentar el trabajo colaborativo y la cooperación entre pares en el aula:

- *Organizar actividades en grupo*: diseñar actividades que permitan a los estudiantes colaborar para alcanzar un objetivo común, como proyectos, presentaciones, debates o la resolución de problemas. Este tipo de dinámicas fomenta la cohesión del grupo y el aprendizaje mutuo.

- *Establecer roles dentro del equipo*: asignar roles específicos a cada miembro del grupo, asegurando que todos los participantes tengan una responsabilidad clara y contribuyan de manera equitativa al trabajo colectivo. Algunos ejemplos de roles incluyen: coordinador, facilitador, investigador o redactor, entre otros.

- *Estimular la participación activa*: crear un ambiente de confianza y respeto donde los estudiantes se sientan cómodos para expresar sus ideas, plantear dudas y colaborar. Esto puede lograrse a través de preguntas abiertas, debates y actividades diseñadas para requerir la participación de todos.

- *Fomentar la comunicación efectiva*: promover el diálogo, la escucha activa y el intercambio de ideas entre los estudiantes. Herramientas como pizarras interactivas, foros en línea o espacios de discusión pueden facilitar la comunicación y el trabajo conjunto.

- *Incorporar la evaluación colaborativa*: introducir la evaluación entre pares como parte del proceso de aprendizaje. Esto permitirá que los estudiantes brinden retroalimentación sobre el desempeño de sus compañeros, fomentando la responsabilidad individual y el compromiso con el equipo.

- *Aprovechar los recursos tecnológicos*: utilizar herramientas tecnológicas, como aplicaciones educativas, plataformas virtuales y redes sociales, para potenciar la colaboración y la cooperación, incluso fuera del aula. Estas herramientas facilitan la comunicación y el intercambio de información en tiempo real.

El aprendizaje colaborativo y la cooperación entre pares son fundamentales para desarrollar habilidades críticas, sociales y de trabajo en equipo. A través de la implementación de actividades grupales, roles específicos, recursos tecnológicos y un entorno orientado a estimular la participación activa, se puede promover una educación más inclusiva y participativa. La combinación de microformación y aprendizaje colaborativo configura un enfoque educativo innovador y eficaz.

5. La robótica educativa

La robótica educativa, al combinar tecnología, pedagogía y creatividad, revoluciona el proceso de enseñanza al permitir a los estudiantes construir y programar robots. Su sinergia con la microformación y el desarrollo de competencias prepara a las nuevas generaciones para los desafíos del mercado laboral actual.

La robótica educativa va mucho más allá de la simple construcción de artefactos robóticos; constituye un enfoque pedagógico que utiliza la tecnología para desarrollar y favorecer una amplia gama de competencias en los estudiantes.

A través del desarrollo de proyectos de robótica, los estudiantes aprenden a resolver problemas de manera algorítmica, estimulan su creatividad y fomentan el trabajo colaborativo. Además, esta metodología integra diversas disciplinas, mejorando la motivación y preparando a los estudiantes para las competencias demandadas en el ámbito laboral actual.

Las ventajas que ofrece esta aproximación pedagógica se manifiestan en diferentes áreas:

- *Desarrolla el pensamiento computacional*, es decir, la capacidad de resolver problemas de forma algorítmica, utilizando conceptos como variables, bucles, condicionales, y otros elementos de programación.
- *Estimula la creatividad y la innovación*, ya que los estudiantes pueden diseñar y construir sus propios robots, adaptándolos a sus necesidades e intereses.
- *Fomenta el trabajo en equipo y la colaboración*, pues los proyectos de robótica suelen realizarse en grupos, donde cada miembro aporta sus conocimientos y habilidades.
- *Potencia el aprendizaje interdisciplinar*, debido a que la robótica integra contenidos de matemáticas, física, informática, ingeniería, arte, etc.
- *Mejora la motivación y la autoestima*, puesto que los estudiantes se sienten protagonistas de su propio proceso de aprendizaje y ven los resultados de su esfuerzo materializado en robots funcionales.
- *Prepara a los estudiantes para el futuro*, dado que la robótica es una de las áreas más demandadas en el mercado laboral actual.

En el ámbito educativo, la robótica es una herramienta pedagógica muy valiosa que ofrece múltiples beneficios para el desarrollo cognitivo, social y emocional de los estudiantes. Además, es una forma divertida y estimulante de aprender y disfrutar de la ciencia y la tecnología.

El método STEAM (*Science, Technology, Engineering, Arts and Mathematics*) (Satrústegui Moreno y González, 2023) fomenta un aprendizaje integral al combinar ciencia, tecnología, ingeniería, artes y matemáticas. Los estudiantes desarrollan pensamiento crítico, creatividad y habilidades para resolver problemas reales a través de proyectos prácticos. Esta metodología promueve el aprendizaje interdisciplinar y el uso de la metodología científica para explorar diferentes fenómenos y resolver desafíos complejos.

La robótica educativa y el método STEAM facilitan la personalización del aprendizaje, ya que permiten adaptar las actividades y los proyectos a las necesidades, intereses y ritmos de cada alumno. Así, se respeta la diversidad del alumnado y se potencia la motivación y el autoaprendizaje. Asimismo, favorecen la inclusión educativa, ya que ofrecen oportunidades de aprendizaje para todos los estudiantes, independientemente de sus capacidades, condiciones personales o contextos socioculturales. Estos recursos pedagógicos pueden ayudar a superar barreras físicas, cognitivas, sociales o culturales y a fomentar la participación y la colaboración entre iguales.

Constituyen, en suma, dos estrategias didácticas que pueden enriquecer el proceso educativo y preparar a los estudiantes para los retos futuros. Estos recursos pueden despertar el interés por el conocimiento, estimular la creatividad y fomentar el desarrollo de habilidades clave para el éxito personal y profesional. Y es precisamente en este contexto educativo donde la microformación encuentra un terreno fértil para impulsar una educación más personalizada, flexible y verdaderamente efectiva.

6. Metodologías para aprendizajes innovadores

Un ambiente de microaprendizaje innovador (González Rolo, 2023) va más allá de ofrecer simples cápsulas de conocimiento. Estos entornos combinan tecnologías avanzadas, como la inteligencia artificial, la realidad virtual o la gamificación, para crear experiencias de aprendizaje personalizadas, interactivas y atractivas.

Por ejemplo, un curso de microaprendizaje que utiliza inteligencia artificial puede adaptar los contenidos según el progreso de cada estudiante. Si un alumno tiene dificultades con un tema específico, el sistema puede ofrecerle automáticamente material adicional, como tutoriales explicativos o ejercicios interactivos. De manera similar, la realidad virtual puede transportarlo a un escenario inmersivo, donde pueda practicar habilidades en un entorno seguro y controlado. Por otro lado, la gamificación agrega elementos lúdicos como puntos, insignias y desafíos, que hacen el aprendizaje más entretenido y motivador.

Estos entornos no solo transmiten información, sino que redefinen la manera de aprender. Hacen que el aprendizaje sea más eficiente, atractivo y adaptado a las exigencias actuales, permitiendo que cada estudiante progrese según su ritmo y estilo cognitivo.

Un aprendizaje realmente innovador se caracteriza por las siguientes dimensiones:

- *Flexibilidad y adaptabilidad*: se ajusta a las necesidades, intereses y estilos de aprendizaje de los estudiantes. Por ejemplo, una plataforma de aprendizaje adaptativa que ajusta el contenido y las actividades según las fortalezas y debilidades de cada alumno.

- *Participación activa y colaboración*: estimula la creatividad, el pensamiento crítico y la cooperación entre estudiantes. Por ejemplo, un proyecto de aprendizaje basado en retos (ABR) promueve el trabajo en equipo para resolver problemas reales o simulados, lo que fomenta la colaboración.

- *Integración de las TIC*: utiliza tecnologías como plataformas interactivas, redes sociales, aplicaciones educativas y herramientas de colaboración *online* que facilitan la comunicación. Un ejemplo sería el uso de foros y aplicaciones de mensajería para facilitar la discusión y la retroalimentación instantánea entre estudiantes y profesores.

- *Relación de confianza y feedback*: promueve un ambiente donde los estudiantes reciben retroalimentación continua y personalizada, lo que refuerza su confianza y motivación. En modelos de aula invertida, por ejemplo, el tiempo presencial se dedica a discutir los temas con el profesor y resolver dudas.

- *Diversificación de recursos y estrategias*: ofrece una amplia gama de materiales didácticos que incluye vídeos, audios, infografías, juegos, etc. Esto puede ser observado en plataformas que integran contenidos audiovisuales, simulaciones interactivas y ejercicios prácticos contextualizados.

- *Clima de aprendizaje positivo y seguro*: valora la diversidad e inclusión, promoviendo entornos respetuosos y colaborativos. Un ejemplo sería el uso de herramientas de realidad aumentada que permiten a los estudiantes explorar conceptos desde diversas perspectivas, promoviendo un aprendizaje inclusivo y accesible.

- *Participación de las familias y la comunidad*: facilita la comunicación constante entre familias, estudiantes y docentes, apoyando el proceso de aprendizaje. Algunas plataformas permiten a las familias hacer un seguimiento del progreso de sus hijos y proporcionan apoyo adicional si es necesario.

- *Evaluación continua y auténtica:* utiliza métodos de evaluación que trascienden los exámenes tradicionales, como la autoevaluación, la coevaluación y la evaluación formativa continua. Un ejemplo sería el uso de portafolios digitales, donde los estudiantes pueden mostrar su progreso a lo largo del tiempo.

En consonancia con estas dimensiones, el panorama educativo actual ofrece diversos modelos de aprendizaje innovadores basados en metodologías activas y tecnologías avanzadas. Entre los más significativos encontramos:

- *El Aprendizaje Basado en Proyectos (ABP)*: metodología donde los estudiantes diseñan y realizan proyectos estructurados para resolver preguntas o problemas significativos. Por ejemplo, en una clase de ciencias, los estudiantes podrían investigar un problema ambiental local y proponer soluciones basadas en sus investigaciones.

- *El Aprendizaje Basado en Retos (ABR)*: sistema donde los estudiantes enfrentan retos reales o simulados que requieren la aplicación de conocimientos adquiridos para generar soluciones creativas. Un ejemplo sería el reto de diseñar una app educativa, donde los estudiantes deben idear y desarrollar una solución tecnológica práctica.

- *El Aprendizaje Basado en Juegos (ABJ):* este modelo utiliza juegos como herramienta educativa para motivar y estimular el aprendizaje. Un ejemplo son los juegos de simulación o los cuestionarios interactivos, donde los estudiantes responden preguntas o resuelven acertijos relacionados con el contenido del curso.

- *El Aula Invertida (Flipped Classroom):* modelo donde los estudiantes acceden a los contenidos fuera del aula (mediante vídeos, pódcast, lecturas, etc.) y el tiempo presencial se dedica a actividades prácticas y a la resolución de dudas. Por ejemplo, en lugar de una clase tradicional de historia, los estudiantes pueden ver antes en casa un vídeo para luego dedicar la clase a debatir sobre los eventos históricos que estudiaron.

- *El Aprendizaje Adaptativo (Adaptive Learning):* sistema que utiliza algoritmos e inteligencia artificial para personalizar el aprendizaje según el perfil, preferencias y rendimiento de cada estudiante. Un ejemplo es un software de matemáticas que adapta la dificultad de los ejercicios según las respuestas del estudiante, asegurando que solo se presenten desafíos adecuados a su nivel.

En conclusión, los ambientes de aprendizaje innovadores trascienden la mera implementación tecnológica para constituir experiencias educativas que sean relevantes, participativas y alineadas con las necesidades competenciales del siglo XXI.

Capítulo 8

Microaprendizajes en el ámbito profesional

1. Proyectos de Microformación con Impacto Empresarial (BIP) y Aprendizaje Estratégico (SLP)

El microaprendizaje y las microcredenciales han revolucionado el ámbito laboral, surgiendo como soluciones innovadoras y efectivas para la capacitación y el desarrollo profesional. Este enfoque consiste en ofrecer contenidos educativos con ideas clave, altamente focalizados y fácilmente aplicables. Su flexibilidad y relevancia lo convierten en una herramienta fundamental para profesionales que enfrentan entornos laborales dinámicos y exigentes.

En este marco, los Proyectos de Impacto Empresarial (*Business Impact Projects*, BIP) y los Proyectos de Aprendizaje Estratégico (*Strategic Learning Projects*, SLP) emergen como iniciativas diseñadas para generar valor tanto para las organizaciones como para los profesionales. Constituyen programas formativos innovadores que combinan aprendizaje en línea con periodos cortos de movilidad física, diseñados para tener un impacto significativo en el ámbito empresarial y académico.

Los BIP se centran en resolver problemas concretos o aprovechar oportunidades dentro de las organizaciones, buscando generar un impacto positivo en aspectos como el desempeño organizacional, competitividad, sostenibilidad y responsabilidad social. La Figura 8.1 muestra sus principales características.

Figura 8.1. *Características principales de un BIP*

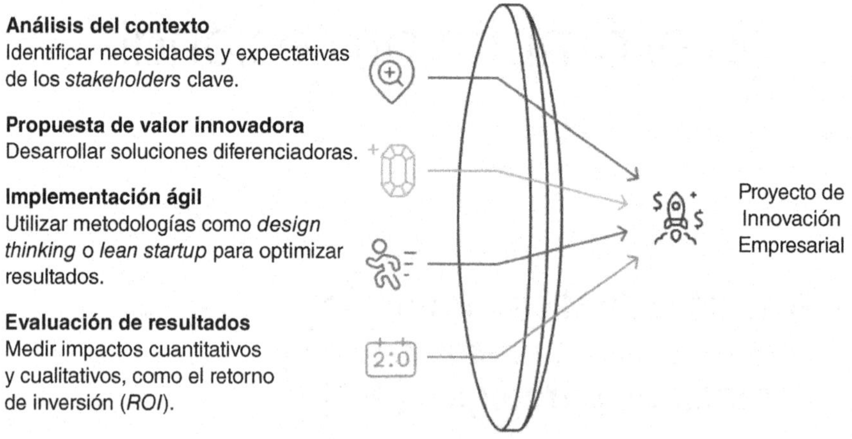

Análisis del contexto
Identificar necesidades y expectativas de los *stakeholders* clave.

Propuesta de valor innovadora
Desarrollar soluciones diferenciadoras.

Implementación ágil
Utilizar metodologías como *design thinking* o *lean startup* para optimizar resultados.

Evaluación de resultados
Medir impactos cuantitativos y cualitativos, como el retorno de inversión (*ROI*).

Proyecto de Innovación Empresarial

Estos proyectos se caracterizan por ser iniciativas prácticas que alinean sus resultados con los objetivos estratégicos de la organización, fomentando la transformación y la innovación.

Un ejemplo es la iniciativa *BIP-Tech* del Ayuntamiento de Viladecans (https://www.viladecans.cat/es/buildinginnovation), que tiene como objetivo impulsar nuevas ideas de negocio en el sector de la construcción a través de un programa integral que ofrece formación, mentorías, sesiones de *networking* y participación en acontecimientos del sector.

Por su parte, los Aprendizajes Estratégicos (SLP) tienen como finalidad el desarrollo de competencias y habilidades estratégicas en los colaboradores, preparando equipos para afrontar retos actuales y futuros.

Las principales características de un SLP son:

- *El aprendizaje experiencial:* combina teoría, práctica y reflexión (véase el ciclo del Aprendizaje Estratégico en la Figura 8.2).

- *Las actividades significativas*: diseñadas para aplicar conocimientos en escenarios reales o simulados de alta fidelidad.

- *La planificación estratégica*: establecimiento de objetivos, contenidos y herramientas de evaluación.

- *La medición del impacto*: evaluaciones centradas en satisfacción, motivación y compromiso.

Figura 8.2. *Aprendizaje Estratégico*

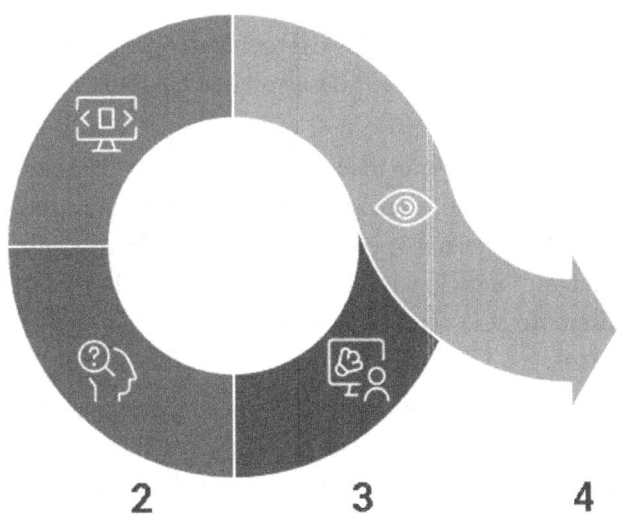

1

Participar en actividades prácticas

Los aprendices participan en tareas del mundo real para adquirir experiencia.

2

Reflexionar sobre la experiencia

Los aprendices consideran y analizan sus experiencias para obtener información.

3

Aplicar el conocimiento

Los aprendices utilizan su comprensión en nuevas situaciones para reforzar el aprendizaje.

4

Lograr una comprensión más profunda

Los aprendices desarrollan una visión más completa de los conceptos.

Microaprendizajes

Los SLP no solo impulsan el crecimiento individual, sino que también contribuyen a fortalecer la cultura organizacional y el aprendizaje continuo.

Ambas metodologías (BIP y SLP) comparten una serie de enfoques y ventajas que las convierten en metodologías verdaderamente complementarias:

- *Trabajo en equipo*: grupos multidisciplinarios y multiculturales guiados por mentores.

- *Fases estructuradas*: diagnóstico, diseño, ejecución, evaluación y consolidación de aprendizajes.

- *Herramientas innovadoras*: uso de metodologías ágiles como gamificación o *storytelling*.

- *Resultados medibles*: impacto verificable para la organización y sus *stakeholders*.

- *Enfoque colaborativo*: los BIP generan oportunidades de aprendizaje, mientras que los SLP desarrollan soluciones aplicables.

En esta sinergia metodológica, el microaprendizaje actúa como núcleo articulador de estas iniciativas, ofreciendo formación concisa, personalizada y universalmente accesible. Sus ventajas principales se centran en la flexibilidad que permite personalizar el aprendizaje según las necesidades individuales; la eficiencia que mejora la retención y la transferencia de conocimiento y la relevancia que enfoca los contenidos en problemas específicos.

Tanto los BIP como los SLP pueden integrarse en estrategias de microaprendizaje para potenciar el talento humano y mejorar el desempeño organizacional. Para maximizar el potencial de estos enfoques, es fundamental contar con un liderazgo efectivo que tenga la capacidad para inspirar y guiar a los equipos hacia los objetivos; con una gestión del cambio que facilite la transición hacia nuevas formas de trabajo y con una comunicación constante que asegure la alineación y el compromiso de todos los involucrados.

En síntesis, los BIP y SLP ofrecen una experiencia de aprendizaje integral y dinámica que fomenta simultáneamente la innovación y el desarrollo de competencias estratégicas. Estas iniciativas no solo benefician a las organizaciones, sino que también potencian el crecimiento profesional de sus colaboradores, contribuyendo a un entorno laboral más competitivo y sostenible.

2. Microaprendizaje, educación digital y mercado laboral: una relación interdependiente

El microaprendizaje, la educación digital y el mercado laboral están interconectados. La creciente demanda de competencias específicas y la necesidad de actualizarse constantemente en un entorno laboral cambiante han impulsado el microaprendizaje como una estrategia formativa fundamental para adquirir conocimientos de manera eficiente y flexible.

Por su parte, la educación digital proporciona la infraestructura tecnológica necesaria para implementar el microaprendizaje a gran escala. Esto permite que las personas accedan a contenidos personalizados y actualizados desde cualquier lugar y en cualquier momento. Plataformas como *Coursera* o *Duolingo* constituyen un buen ejemplo: ofrecen cursos breves y específicos que ayudan a desarrollar competencias en áreas relevantes como programación, idiomas o liderazgo.

El mercado laboral se beneficia al incorporar profesionales altamente capacitados y adaptables, capaces de enfrentar desafíos en constante evolución. En sectores tecnológicos, por ejemplo, las organizaciones valoran candidatos que dominen herramientas específicas como *Python* o *AWS*, competencias que pueden adquirirse mediante módulos de microaprendizaje especializados.

Esta interacción entre microaprendizaje, educación digital y mercado laboral está redefiniendo las dinámicas formativas y profesionales, generando un círculo virtuoso de retroalimentación continua donde la educación digital facilita el acceso universal al microaprendizaje, el cual mejora la empleabilidad y competitividad de los profesionales, mientras que el dinamismo del mercado laboral exigente intensifica la necesidad de formación continua, cerrando así el ciclo de mejora permanente.

La educación digital utiliza las tecnologías de la información y la comunicación (TIC) para facilitar el acceso, la interacción y la evaluación de los contenidos formativos. Esto no solo democratiza el aprendizaje, sino que lo adapta a las necesidades de la sociedad mediante cursos en línea gratuitos, como los ofrecidos por *edX*, o herramientas colaborativas como *Google Classroom* o *Slack*, que potencian el trabajo en equipo.

La educación digital y el mercado laboral son interdependientes y se influyen mutuamente: la educación digital mejora competencias y oportunidades laborales, mientras que el mercado laboral determina prioridades de formación, como la creciente demanda de habilidades en inteligencia artificial o análisis de datos.

Sin embargo, esta relación no está exenta de desafíos que requieren atención estratégica. Los retos principales que nos vamos a encontrar en la relación entre educación digital y mercado laboral son:

- *Alinear la oferta formativa con la demanda laboral*: diseño de cursos que respondan a las necesidades reales del mercado. Por ejemplo, crear programas específicos para áreas emergentes como la ciberseguridad.

- *Garantizar la calidad y acreditación*: establecer estándares que validen rigurosamente las certificaciones. Por ejemplo, certificaciones de instituciones reconocidas como *Harvard Online* tienen mayor valor y reconocimiento.

- *Promover la inclusión y equidad*: eliminar barreras económicas o geográficas que dificulten el acceso a la formación. Iniciativas como *Khan Academy*, por ejemplo, ofrecen educación gratuita globalmente accesible.

La interacción entre educación digital, microaprendizaje y mercado laboral está transformando el panorama educativo y profesional. Para maximizar sus beneficios, es esencial la colaboración entre estudiantes, docentes, organizaciones e instituciones públicas. Esta sinergia no solo mejorará la empleabilidad de los individuos, sino que también fomentará la innovación y el crecimiento en un mundo laboral cada vez más dinámico y complejo.

La Figura 8.3 expone los factores críticos que contribuyen a la brecha entre educación digital y mercado laboral.

Figura 8.3. *Desafíos en la educación digital y el mercado laboral*

3. El *upskilling* o la formación en nuevas habilidades y competencias en la empresa

El *upskilling* y la microformación son conceptos interrelacionados que comparten el objetivo de actualizar y mejorar las competencias de los empleados para responder a las demandas cambiantes del mercado laboral. Sin embargo, presentan diferencias clave en su alcance y enfoque. El primero abarca un proceso amplio y estratégico de desarrollo competencial, conteniendo habilidades tanto técnicas como blandas, con una visión integral de crecimiento profesional; mientras que la segunda se focaliza en módulos cortos, específicos y fácilmente accesibles que facilitan la adquisición rápida de conocimientos concretos.

En este contexto, la microformación actúa como un vehículo eficaz para implementar estrategias de *upskilling* al proporcionar una capacitación personalizada, ágil y orientada a áreas concretas. Sin embargo, el *upskilling* va más allá de los conocimientos técnicos, integrando habilidades blandas esenciales como el liderazgo, la comunicación y la resolución de problemas, define así el marco estratégico para el desarrollo del talento; mientras que la microformación ofrece una metodología eficiente para alcanzar sus objetivos de manera modular y escalable.

El *upskilling*, entendido como la formación en nuevas habilidades y competencias, es un pilar fundamental para garantizar la competitividad y sostenibilidad de las empresas en un entorno laboral en constante transformación. Los rápidos avances tecnológicos y la globalización están redefiniendo las demandas del mercado laboral, haciendo imprescindible que las organizaciones inviertan en la capacitación continua de su capital humano. El *upskilling* se materializa en beneficios concretos para las organizaciones:

- *Incremento de la productividad:* los trabajadores adecuadamente capacitados son más eficientes y están mejor preparados para afrontar situaciones complejas.

- *Mejora de la retención y satisfacción laboral*: invertir en el desarrollo profesional de los trabajadores refuerza su sentido de pertenencia y valor en la organización.

- *Adaptación a los cambios del mercado*: las empresas con una cultura de aprendizaje continuo responden con mayor rapidez y eficacia a las nuevas tendencias y demandas.

- *Fomento de la innovación*: equipos con habilidades actualizadas impulsan la creatividad y el desarrollo de soluciones innovadoras.

La Figura 8.4 sintetiza estos beneficios del *upskilling* para las organizaciones.

La implementación efectiva de estrategias de *upskilling* requiere una comprensión profunda de las necesidades tanto del mercado laboral como de los profesionales implicados. Además, es importante establecer itinerarios formativos continuos que sean flexibles y adaptables a las necesidades individuales. Esto podría incluir programas de capacitación interna, colaboraciones con instituciones educativas o plataformas de aprendizaje en línea.

Por otra parte, el compromiso de la dirección es otro factor clave. Sin el apoyo y la inversión adecuada, será difícil implementar un programa de *upskilling* efectivo. La cultura organizacional también debe fomentar el aprendizaje y el desarrollo continuo, reconociendo y recompensando el esfuerzo y el progreso.

Figura 8.4. *Ventajas del upskilling para la empresa*

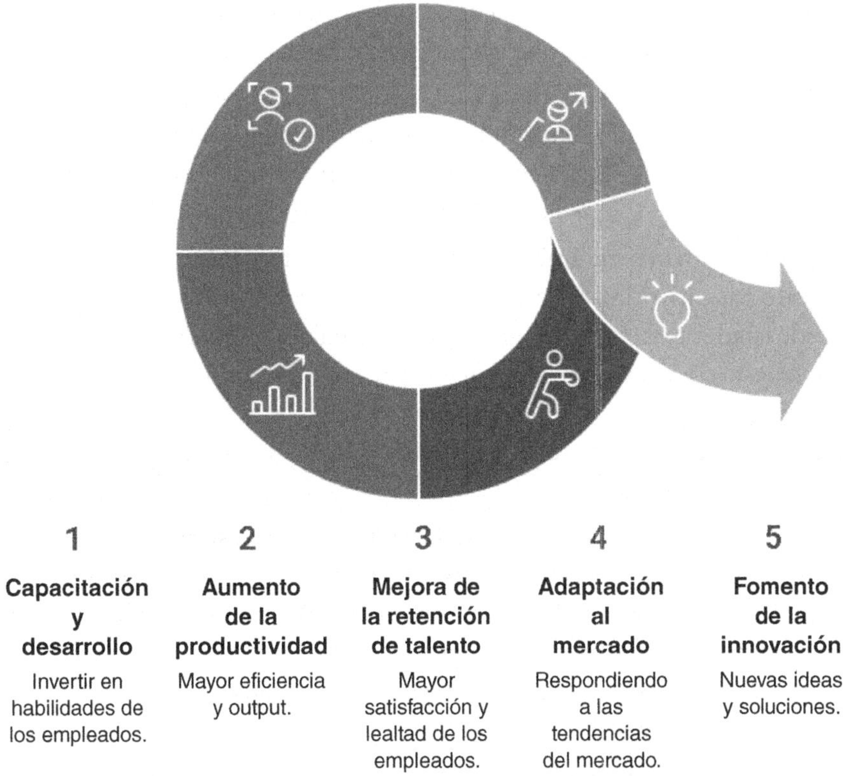

1	**2**	**3**	**4**	**5**
Capacitación y desarrollo	**Aumento de la productividad**	**Mejora de la retención de talento**	**Adaptación al mercado**	**Fomento de la innovación**
Invertir en habilidades de los empleados.	Mayor eficiencia y output.	Mayor satisfacción y lealtad de los empleados.	Respondiendo a las tendencias del mercado.	Nuevas ideas y soluciones.

Por último, pero no menos importante, se debe contar con una infraestructura tecnológica que soporte las iniciativas de *upskilling*. Esto incluye acceso a herramientas y recursos digitales que faciliten el aprendizaje autónomo y colaborativo. En resumen, para implementar un *upskilling* exitoso dentro de la empresa se deben considerar elementos de competencias, formación, compromiso directivo, cultura organizacional e infraestructura tecnológica.

4. La sociedad del rendimiento

En la sociedad del rendimiento, el éxito se mide por la capacidad de demostrar habilidades concretas de manera tangible (Han, B. C., 2024). Las microcredenciales se adaptan a esta lógica, certificando conocimientos especializados de forma rápida y accesible, y permitiendo a los individuos destacar en un mercado que valora la especialización.

Sin embargo, esta dinámica puede generar presión y autoexplotación, ya que la necesidad de acumular credenciales para mantenerse vigente puede perjudicar el bienestar personal y el aprendizaje integral.

Este modelo social promueve la búsqueda constante de productividad y resultados en ámbitos laborales, educativos y personales. En el ámbito educativo, la presión por obtener altas calificaciones genera estrés desde edades tempranas. En el ámbito laboral, la competencia se traduce en un esfuerzo continuo por mejorar resultados, a menudo a expensas del bienestar emocional. En el plano personal, las redes sociales fomentan estándares inalcanzables, generando ansiedad y comparaciones poco realistas.

Esta cultura puede aumentar el estrés, la depresión y fomentar el individualismo en lugar de la colaboración. Es necesario promover una sociedad que valore el bienestar, la cooperación y el desarrollo integral. Por ejemplo, las escuelas podrían incluir programas que fomenten la empatía y el trabajo en equipo, en lugar de centrarse únicamente en los resultados académicos.

La combinación de microcredenciales y un enfoque equilibrado en la sociedad del rendimiento puede generar un sistema educativo y laboral más inclusivo y sostenible, valorando la diversidad, la equidad y el bienestar, y asegurando oportunidades de desarrollo para todos.

5. Métodos y recursos para el aprendizaje en la era digital

La microformación, como metodología innovadora para el aprendizaje digital (Saldaña Ruiz de Villa, 2021), se adapta a un mundo acelerado, proporcionando contenidos educativos concisos y fáciles de consumir en periodos breves de tiempo. La educación en la era digital se apoya en diversos métodos y recursos que aprovechan las tecnologías de la información y la comunicación (TIC). Entre los más destacados se encuentran las siguientes modalidades:

- *Aula virtual*: un espacio digital donde estudiantes y docentes interactúan a través de plataformas educativas, videoconferencias, foros y chats. Facilita el acceso a contenidos multimedia, actividades interactivas y el trabajo en equipo.

- *Aprendizaje móvil*: utiliza dispositivos como teléfonos inteligentes y tabletas para acceder a recursos educativos en cualquier lugar y momento. Potencia la personalización y la autonomía del estudiante.

- *Aprendizaje basado en juegos*: usa videojuegos educativos para motivar y estimular el aprendizaje, favoreciendo el desarrollo de habilidades cognitivas, sociales y emocionales.

- *Aprendizaje adaptativo*: emplea sistemas inteligentes que ajustan los contenidos y actividades al nivel y ritmo del estudiante, mejorando la experiencia formativa y la satisfacción del estudiante.

En este contexto de diversidad metodológica, *el conectivismo*, teoría desarrollada por George Siemens, plantea que el aprendizaje ocurre a través de redes de conexiones entre personas, recursos y tecnologías. Reconoce la naturaleza dinámica y diversa del conocimiento y que el aprendizaje implica filtrar y crear información en distintos contextos. Este enfoque resalta la importancia de las emociones, la motivación y la metacognición en el proceso de aprendizaje.

Los microcontenidos, como unidades breves y claras de información ideales para transmitir conocimientos de forma rápida, requieren un proceso sistemático de creación:

1. *Planificación estratégica*: definir el objetivo, el público, el formato y el canal.

2. *Selección de contenidos*: priorizar lo esencial, utilizando un lenguaje directo y evitando redundancias.

3. *Estructura coherente*: organizar los contenidos de manera lógica, con introducción, desarrollo y conclusión.

4. *Presentación visual*: usar tipografía legible, colores armoniosos y recursos multimedia que mejoren la experiencia.

El microaprendizaje favorece la motivación al presentar la información de forma concisa y accesible, evitando la sobrecarga cognitiva. La posibilidad de acceder a los contenidos en cualquier momento hace que el aprendizaje sea más flexible y adaptado a los ritmos de vida actuales. La incorporación de la gamificación, con puntos y desafíos, añade un componente lúdico que incrementa significativamente dicha motivación.

Capítulo 9

Nuevos retos para el rol del docente en el microaprendizaje

1. El nuevo rol del docente en la era del microaprendizaje

En la era del microaprendizaje, el docente se transforma en un guía experto y motivador (García Contador y Gutiérrez-Esteban, 2020). Su función va más allá de la transmisión de conocimientos para centrarse en la selección de microcontenidos relevantes, el diseño de experiencias de aprendizaje atractivas y personalizadas y el fomento de la interacción entre los estudiantes.

Con el apoyo de herramientas digitales y metodologías activas, el docente crea un entorno de aprendizaje dinámico y colaborativo. En este contexto, los estudiantes asumen un rol activo en su proceso formativo. Además, el docente actúa como mentor, ofreciendo apoyo individualizado y retroalimentación constante. Este enfoque permite a los estudiantes desarrollar habilidades esenciales como el pensamiento crítico, la resolución de problemas y el aprendizaje autónomo.

De este modo, en los entornos educativos digitales el docente se convierte en un dinamizador del aula virtual, utilizando recursos y estrategias que promuevan la interacción, la motivación, la colaboración y la reflexión. Ya no es solo un transmisor de información, sino también un guía, orientador, facilitador y mediador que acompaña a los estudiantes en la construcción de su conocimiento.

Este modelo de docente dinamizador se fundamenta en seis principios fundamentales:

1. *Diseño centrado en los estudiantes.* El docente planifica el aula virtual y las actividades de microaprendizaje teniendo en cuenta las características de los estudiantes, los objetivos de aprendizaje, los contenidos a trabajar, las actividades a desarrollar y las herramientas a emplear.

2. *Creación de un clima de confianza y participación.* Es fundamental fomentar un ambiente de confianza, respeto y participación activa, estableciendo normas claras de convivencia, promoviendo el diálogo y la retroalimentación y reconociendo el esfuerzo y los logros de los estudiantes.

3. *Estimulación del interés y curiosidad.* Para captar la atención de los estudiantes, el docente utiliza recursos variados y atractivos, como vídeos, imágenes, audios, juegos y simulaciones, que transforman los contenidos a trabajar en experiencias más interesantes y accesibles.

4. *Propuestas de actividades retadoras y colaborativas.* El docente diseña actividades que representen un desafío cognitivo, permitiendo a los estudiantes aplicar lo aprendido, resolver problemas y crear productos significativos. Asimismo, fomenta el trabajo en equipo a través de tareas colaborativas que promuevan la comunicación y la cooperación.

5. *Acompañamiento personalizado.* A lo largo del proceso de aprendizaje, el docente ofrece orientación, apoyo constante y seguimiento individualizado. Adapta los recursos y estrategias a las necesidades y ritmos de aprendizaje de cada estudiante, asegurando que todos puedan avanzar de manera efectiva.

6. *Evaluación continua y participativa*. El proceso de evaluación es continuo y formativo, utilizando herramientas e indicadores que reflejen el logro de los objetivos de aprendizaje. Además, se fomenta la participación activa de los estudiantes a través de la autoevaluación y la coevaluación para fomentar la reflexión sobre su progreso y áreas de mejora.

En la era digital, el rol del docente ha evolucionado significativamente. Ya no se trata solo de transmitir conocimientos, sino de convertirse en un dinamizador del aprendizaje, un guía que acompaña a los estudiantes en su camino hacia la autonomía y el pensamiento crítico. En el aula virtual, este papel se vuelve aún más importante, ya que el entorno digital ofrece un sinfín de posibilidades para enriquecer el proceso de enseñanza-aprendizaje.

El docente dinamizador del aula virtual es un facilitador del conocimiento, pero también un diseñador de experiencias de aprendizaje significativas. Utiliza herramientas digitales para crear entornos interactivos y colaborativos, donde los estudiantes pueden participar activamente en la construcción de su propio aprendizaje. Fomenta la curiosidad, el pensamiento crítico y la resolución de problemas, habilidades esenciales para desenvolverse en un mundo cada vez más complejo y globalizado.

Además, este nuevo modelo de docente promueve la colaboración y el trabajo en equipo, aprovechando las herramientas digitales para conectar a los estudiantes y fomentar el intercambio de ideas. Les enseña a comunicarse de manera efectiva en entornos virtuales, a trabajar de forma colaborativa y a construir conocimiento de manera conjunta.

Sin embargo, su labor no se limita a la transmisión de conocimientos y el desarrollo de habilidades. También se preocupa por el bienestar emocional de sus estudiantes, procurando crear un ambiente de confianza y respeto donde se sientan seguros para expresar sus ideas y dudas. Les brinda retroalimentación constructiva y personalizada, los motiva a superar sus desafíos y los acompaña en su crecimiento personal y académico.

2. Claves para personalizar los contenidos educativos en microformación

La personalización de contenidos educativos está revolucionando la forma en que entendemos y experimentamos el aprendizaje. Este enfoque permite adaptar cada lección a los intereses, el ritmo y las necesidades específicas de cada estudiante, convirtiendo el proceso educativo en una experiencia verdaderamente individualizada. Pero ¿qué elementos hacen posible esta transformación y cómo podemos implementarla de manera efectiva? La personalización se fundamenta en el reconocimiento de que cada individuo es único y aprende de manera distinta. En lugar de emplear un enfoque uniforme, este modelo busca adaptar materiales, actividades y evaluaciones a las características particulares de cada estudiante. Para lograrlo, son importantes los factores que se muestran en la Figura 9.1.

La personalización de contenidos educativos ofrece beneficios significativos tanto para estudiantes como para docentes:

- *Mayor motivación*: los estudiantes encuentran más interesante el aprendizaje cuando los contenidos están alineados con sus intereses.
- *Mejor rendimiento académico*: la posibilidad de aprender a su ritmo y con materiales adaptados mejora los resultados académicos.
- *Desarrollo de competencias del siglo XXI*: este enfoque fomenta habilidades como el pensamiento crítico, la resolución de problemas y la creatividad.
- *Preparación para el futuro*: la capacidad de aprender de manera autónoma y personalizada es esencial en un mundo en constante cambio.

Aunque la personalización educativa presenta grandes oportunidades, también plantea desafíos considerables. Por ello es clave garantizar que este enfoque sea inclusivo, accesible y ético, asegurando que todos los estudiantes puedan beneficiarse de experiencias educativas adaptadas. Además, se requiere una formación docente sólida y una infraestructura tecnológica adecuada para maximizar el impacto de la personalización.

Figura 9.1. *Claves para personalizar la educación*

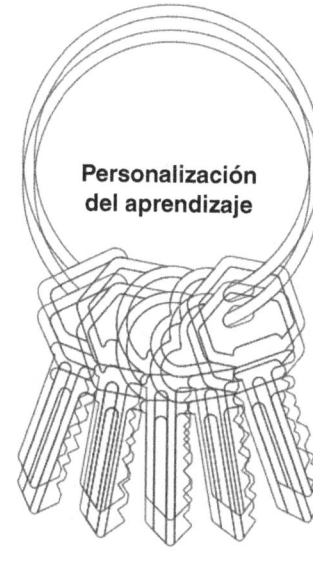

Personalización
del aprendizaje

Conocer al estudiante

Evaluar los conocimientos previos, los estilos de aprendizaje, los intereses y los objetivos de cada aprendiz. Esta información permite diseñar experiencias relevantes y motivadoras.

Flexibilidad en los contenidos

Los materiales deben ser adaptables en términos de dificultad, profundidad y ritmo. Además, deben ofrecerse en formatos variados, como vídeos, textos, simulaciones y juegos, para responder a los diferentes estilos de aprendizaje.

Itinerarios de aprendizaje personalizados

Cada estudiante debe contar con un itinerario que se ajuste a su propio ritmo e intereses, permitiendo un avance autónomo, profundizar en los temas que le interesen y omitir aquellos que ya domine.

Evaluación continua y formativa

La evaluación debe servir como una herramienta para identificar fortalezas y áreas de mejora, ajustando las estrategias de enseñanza según sea necesario. Es ideal que estas evaluaciones sean personalizadas y estén alineadas con las necesidades del estudiante.

Uso de tecnología educativa

Herramientas como plataformas de aprendizaje adaptativo, sistemas de gestión del aprendizaje y software de creación de contenidos son esenciales para implementar la personalización a gran escala.

La personalización de los contenidos educativos no es solo una tendencia, sino una estrategia clave para transformar la educación. Al entender a cada estudiante como un individuo único y al adaptar las experiencias de aprendizaje a sus necesidades, podemos construir entornos educativos más efectivos y significativos. En este contexto, la personalización no solo mejora el rendimiento académico, sino que también prepara a los estudiantes para afrontar los desafíos de un futuro dinámico y globalizado.

3. El docente como diseñador de experiencias formativas

El rol del docente está cambiando profundamente en las últimas décadas, especialmente a partir de la incorporación de tecnologías digitales en la educación. Hoy, el docente ya no es solo un transmisor de conocimientos; se ha convertido en un diseñador de experiencias de aprendizaje, una figura clave que facilita el desarrollo integral de los estudiantes en un entorno dinámico y conectado. Este rol implica transformar las metodologías pedagógicas y adquirir habilidades que respondan a las demandas de la educación digital.

Que el docente sea diseñador de experiencias de aprendizaje significa asumir la responsabilidad de crear entornos que promuevan el aprendizaje significativo. No se trata solo de impartir clases o transmitir información, sino de diseñar estrategias que permitan a los estudiantes interactuar con los contenidos, reflexionar y aplicarlos en contextos reales. Este enfoque, centrado en el estudiante, prioriza su participación activa, curiosidad y capacidad para construir conocimiento. Así, el docente se convierte en un facilitador que guía el proceso y fomenta la autonomía del alumno.

Una característica esencial del docente como diseñador es su habilidad para integrar herramientas digitales en el proceso educativo. La tecnología no es solo un recurso adicional; transforma cómo los estudiantes acceden al conocimiento, colaboran y desarrollan habilidades críticas para el siglo XXI. Por ejemplo, un docente puede usar plataformas interactivas para diseñar actividades gamificadas que motiven a los estudiantes a resolver problemas complejos. También puede emplear simulaciones virtuales para enseñar conceptos científicos o históricos, permitiendo a los alumnos experimentar situaciones que no podrían recrearse en un aula tradicional.

Otra característica clave es la capacidad para personalizar las experiencias de aprendizaje. En un entorno digital, es posible adaptar contenidos y actividades a las necesidades individuales de cada estudiante, considerando sus intereses, estilos de aprendizaje y ritmos personales.

Por ejemplo, mediante análisis de datos educativos (*learning analytics*), un docente puede identificar áreas donde un estudiante necesita más apoyo y ofrecerle recursos específicos. Al mismo tiempo, puede proporcionar desafíos adicionales a aquellos alumnos que avanzan más rápido para mantener su interés y motivación.

El docente como diseñador también fomenta la colaboración y el trabajo en equipo. Las herramientas digitales permiten conectar a los estudiantes, incluso si están en diferentes lugares geográficos. Un ejemplo práctico sería organizar proyectos colaborativos usando plataformas como *Google Workspace* o *Microsoft Teams*, donde los alumnos puedan trabajar juntos para investigar, crear presentaciones o desarrollar soluciones innovadoras a problemas reales. Estas actividades fortalecen tanto habilidades académicas como competencias sociales, como la comunicación efectiva, la empatía y el pensamiento crítico.

Además, este rol implica ser un curador de contenidos digitales. En la era de la información, los estudiantes tienen acceso a una cantidad abrumadora de recursos online; sin embargo, no todos son fiables ni adecuados para sus necesidades educativas. El docente debe seleccionar materiales relevantes y valiosos que complementen sus objetivos pedagógicos. Por ejemplo, puede recomendar vídeos educativos específicos, artículos científicos o aplicaciones interactivas que ayuden a los estudiantes a profundizar en ciertos temas.

Finalmente, el docente como diseñador debe ser flexible y estar dispuesto a aprender constantemente. La tecnología evoluciona rápidamente, al igual que las herramientas disponibles para la educación digital. Esto exige una actitud proactiva hacia la formación continua y la experimentación con nuevas metodologías. Un buen ejemplo sería explorar cómo usar inteligencia artificial en el aula para personalizar aún más el aprendizaje o implementar realidad aumentada para enriquecer las explicaciones teóricas.

El rol del docente como diseñador de experiencias redefine la relación entre enseñanza y tecnología. Es una figura multifacética que combina habilidades pedagógicas tradicionales con competencias digitales avanzadas para crear entornos educativos innovadores y efectivos.

Este enfoque beneficia a los estudiantes al ofrecerles oportunidades únicas para aprender y crecer, mientras posiciona al docente como un líder transformador capaz de adaptarse al mundo moderno. La educación digital no es una tendencia pasajera, sino una realidad que exige docentes comprometidos con su evolución profesional y apasionados por inspirar a las nuevas generaciones mediante experiencias significativas e inolvidables.

4. El educador como facilitador y curador de contenidos

El educador debe gestionar dos aspectos fundamentales relacionados con la tecnología: el de facilitador y curador de contenidos, funciones que demandan habilidades específicas y una visión renovada sobre cómo se enseña y aprende.

Como facilitador de contenidos se convierte en un guía que acompaña a los estudiantes en su proceso de aprendizaje. Este rol implica mucho más que entregar información; se trata de crear las condiciones necesarias para que los alumnos interactúen con los contenidos, reflexionen sobre ellos y los integren en su propio marco de conocimiento. El docente facilita el acceso a recursos, plantea preguntas que estimulan el pensamiento crítico y diseña actividades que promuevan la participación activa. Como facilitador, el educador no impone respuestas ni soluciones, sino que ayuda a los estudiantes a descubrirlas por sí mismos, fomentando su autonomía y su capacidad para aprender de manera independiente.

Por otro lado, como curador de contenidos cobra especial relevancia en un mundo donde la cantidad de información disponible es abrumadora. La curaduría consiste en seleccionar, organizar y presentar materiales relevantes y confiables que sean útiles para el aprendizaje. En la era digital, los estudiantes tienen acceso a una cantidad casi infinita de datos, pero no todos son precisos ni adecuados para sus necesidades educativas. Aquí es donde entra el docente como curador: su tarea es filtrar la información, identificar fuentes fiables y adaptar los contenidos al contexto específico del aula. Este proceso no solo garantiza que los estudiantes trabajen con información de calidad, sino que también les ahorra tiempo y les proporciona un marco claro para explorar los temas.

Ambos roles comparten características que definen su esencia:

- *Empatía*: ambos requieren una profunda comprensión de las necesidades individuales de los estudiantes para adaptar tanto la guía como los contenidos seleccionados.

- *Flexibilidad*: es esencial, ya que cada grupo tiene características únicas y cada estudiante aprende de manera diferente.

- *Competencias digitales avanzadas*: el manejo adecuado de herramientas tecnológicas permite al docente buscar, evaluar y presentar materiales de manera efectiva.

- *Pensamiento crítico*: fundamental para discernir entre información valiosa y datos irrelevantes o poco fiables.

- *Creatividad*: diseñar experiencias educativas innovadoras requiere imaginación para integrar recursos diversos en actividades significativas.

Curar contenidos tiene múltiples propósitos en la educación. En primer lugar, permite filtrar información relevante en un entorno saturado de datos, ayudando a los estudiantes a navegar por este océano informativo con mayor facilidad. También garantiza la calidad del aprendizaje al proporcionar materiales precisos y actualizados que respaldan los objetivos pedagógicos. Además, la curaduría optimiza el tiempo tanto del docente como del estudiante al ofrecer recursos ya organizados y listos para su uso. Por otro lado, fomenta el aprendizaje autónomo al proporcionar una selección cuidadosamente diseñada que invita a los alumnos a explorar por su cuenta con confianza.

La curación de contenidos por parte del docente es una práctica que puede tomar diversas formas y adaptarse a diferentes contextos educativos:

- *Repositorios digitales personalizados*: el educador selecciona artículos, vídeos, infografías y otros recursos relevantes para un tema específico. Por ejemplo, al abordar el cambio climático en una clase de ciencias, el docente podría recopilar reportes científicos actuales, documentales educativos y gráficos interactivos que expliquen los efectos del calentamiento global. Este repositorio no solo organiza la información, sino que también incluye comentarios críticos del docente que contextualizan los materiales y los conectan con los objetivos pedagógicos.

- *Guías temáticas multidisciplinares:* integran diferentes perspectivas sobre un tema. En una clase de historia, el docente puede curar contenidos sobre la Revolución Industrial seleccionando textos académicos, imágenes históricas y entrevistas con expertos. Al incluir fuentes diversas, como artículos que analicen el impacto económico y otros que aborden las consecuencias sociales, el docente fomenta una comprensión más completa y crítica entre los estudiantes.

- *Actividades interactivas:* la curación se aplica mediante la creación de experiencias participativas. Por ejemplo, en una clase de literatura, el docente puede seleccionar fragmentos de obras clásicas y contemporáneas relacionadas con un tema común, como el amor o la justicia. Luego, organiza estos fragmentos en una plataforma digital donde los estudiantes puedan explorar las conexiones entre los textos y participar en debates virtuales sobre sus interpretaciones.

- *Tableros temáticos digitales:* uso de herramientas como *Feedly* o *Pinterest* para crear tableros temáticos accesibles a los estudiantes. Por ejemplo, un docente que enseña biología puede curar contenido sobre genética utilizando artículos científicos recientes, vídeos explicativos y simulaciones virtuales. Estos tableros permiten a los estudiantes acceder fácilmente a recursos seleccionados y explorar el tema según su propio ritmo e intereses.

- *Reformulación o adaptación de materiales existentes:* incluye la transformación de contenidos existentes. Un docente que trabaja con estudiantes de nivel inicial podría tomar un artículo académico complejo sobre inteligencia artificial y transformarlo en una infografía sencilla que explique los conceptos clave. Este proceso no solo facilita la comprensión, sino que también demuestra cómo transformar información densa en contenido accesible.

- *Curación colaborativa*: el educador guía a los alumnos para que ellos mismos busquen información sobre un tema específico y luego seleccionen las fuentes más relevantes bajo criterios establecidos previamente. Por ejemplo, en una clase de economía, los estudiantes podrían investigar sobre mercados financieros y presentar sus hallazgos en forma de un panel interactivo organizado por el docente.

Estos ejemplos demuestran cómo la curación de contenidos permite al docente enriquecer el aprendizaje al ofrecer materiales cuidadosamente seleccionados y organizados que responden a las necesidades e intereses del grupo. Es una herramienta poderosa para reducir la infoxicación informativa y garantizar que los estudiantes trabajen con recursos relevantes y confiables mientras desarrollan habilidades críticas para evaluar información en un mundo saturado de datos.

El educador como facilitador y curador desempeña un papel transformador en la educación moderna. Estas funciones no solo enriquecen el proceso educativo al garantizar calidad e interacción significativa con los contenidos, sino que también preparan a los estudiantes para convertirse en aprendices autónomos capaces de navegar por un mundo lleno de desafíos informativos. Ser facilitador significa guiar; ser curador significa filtrar; juntos forman una combinación poderosa que redefine lo que significa enseñar en el siglo XXI: inspirar, acompañar y empoderar a las nuevas generaciones mediante experiencias educativas profundas e inolvidables.

Bibliografía*

Agencia EFE (20 de marzo de 2025). Madrid eliminará el próximo curso el uso individual de pantallas en colegios. *El Confidencial.* https://www.elconfidencial.com/espana/madrid/2025-03-20/madrid-eliminara-proximo-curso-uso-pantallas-colegios_4090078/

Aguilar, L., & Otuyemi, E. (2020). Análisis documental: importancia de los entornos virtuales en los procesos educativos en el nivel superior. *Tecnología, Ciencia y Educación, 17,* 57-77.

Álvarez Saiz, E. (2019). *Aprendizaje móvil con micro-contenidos: construyendo conocimiento* [Tesis de grado, Universidad de Cantabria].

ANCYPEL (2023). *Buenas prácticas de e-Learning XXIII.*

ANECA (2022). *Formación inclusiva en todos los formatos y para todas las edades.* https://www.aneca.es/documents/20123/49576/MICROCREDENCIALES_Informe_V3.pdf/db424827-b464-d41d-ae09-717eb95e5742?t=1660907214565

Area-Moreira, M. (2020). El diseño de cursos virtuales: conceptos, enfoques y procesos pedagógicos. En J. M. García y S. García (Eds.), *Las tecnologías en (y para) la educación* (pp. 45-68). FLACSO Uruguay. https://publicaciones.flacso.edu.uy/index.php/edutic/article/view/4/5

Barradas-Gudiño, J. (2020). Microlearning como herramienta de entrenamiento tecnológico del docente universitario. *Revista Tecnológica-Educativa Docentes 2.0, 8*(2), 28-33. https://doi.org/10.37843/rted.v8i2.172

Basantes-Andrade, A., Cabezas-González, M., & Casillas-Martín, S. (2020). Los nano-MOOC como herramienta de formación en competencia digital

---

* Todos los hipervínculos incluidos en esta Bibliografía han sido revisados con fecha 28 de julio de 2025.

docente. *Revista Ibérica de Sistemas e Tecnologias de Informação*, E32, 202-214. https://www.proquest.com/publiccontent/docview/2452331341/abstract/ADC43C69A8694F73PQ/1

Bauman, Z. (2013). *Los retos de la educación en la modernidad líquida*. Gedisa.

Biblioteca de la Universidad de Extremadura (2024). Técnicas de estudio: La velocidad lectora. https://biblioguias.unex.es/c.php?g=572102&p=3944889

Boletín Oficial del Estado (27 de junio de 2022). Recomendación del Consejo de 16 de junio de 2022 relativa a un enfoque europeo de las microcredenciales para el aprendizaje permanente y la empleabilidad. *DOUE*, (243), 10-25. https://www.boe.es/buscar/doc.php?id=DOUE-Z-2022-70041

Cabero Almenara, J. (2021). Reflexionando sobre la investigación en tecnología educativa. *Innovaciones Educativas, 23* (especial), 7-11. https://doi.org/10.22458/ie.v23iEspecial.3761

Cabra-Torres, F., & Marciales-Vivas, G. (2009). Mitos, realidades y preguntas de investigación sobre los 'nativos digitales': una revisión. *Universitas Psychologica*. http://www.scielo.org.co/scielo.php?pid=S1657-92672009000200003&script=sci_arttext

Carvajal, G. (2013). *Educación en la modernidad líquida*. https://www.researchgate.net/publication/304015450_Educacion_en_la_modernidad_liquida

Castillero, O. (2016). ¿Qué es la curva del olvido? *Psicología y Mente*. https://psicologiaymente.com/psicologia/curva-del-olvido

Comisión Europea (2020a). *Agenda Europea de Capacidades*. Unión Europea. https://employment-social-affairs.ec.europa.eu/policies-and-activities/skills-and-qualifications/european-skills-agenda_en

Comisión Europea (2020b). *Plan de acción del pilar europeo de derechos sociales*. Unión Europea. https://op.europa.eu/webpub/empl/european-pillar-of-social-rights/es/

Comisión Europea (2021). *Plan de Acción de Educación Digital (2021-2027)*. Unión Europea. https://education.ec.europa.eu/es/focus-topics/digital-education/plan

Comisión Europea (2024). *Fondos Next Generation EU*. Unión Europea.

Educación 3.0 (2025). Estas son las ventajas de las comunidades digitales de aprendizaje. https://www.educaciontrespuntocero.com/opinion/comunidades-digitales-aprendizaje/

Eniversy (2024). *La influencia de la neurociencia en el diseño de cursos en línea: ¿cómo aplicar estos principios para maximizar el aprendizaje y la productividad laboral?* https://eniversy.com/articulos/articulo-la-influencia-de-la-neurociencia-en-el-diseno-de-cursos-en-linea-como-aplicar-estos-principios-para-maximizar-el-aprendizaje-y-la-productividad-laboral-3214

EUR-LEX (2025). *Espacio Europeo de Educación para 2025*. Unión Europea. https://eur-lex.europa.eu/ES/legal-content/summary/a-european-education-area-by-2025.html

Fernández del Río, E. *Vamos a contar historias: el storytelling como instrumento de aprendizaje activo en las Ciencias Sociales*. Universidad de Zaragoza. https://consejosocial.unizar.es/sites/consejosocial/files/users/csocial/pdf/ExperienciasInnovacion/Fernandez%20del%20Rio.pdf

Foro Económico Mundial (2025). El nuevo informe del Foro Económico Mundial prevé cambios globales en el empleo. *DigitalInside*. https://digitalinside.es/el-nuevo-informe-del-foro-economico-mundial-preve-cambios-globales-en-el-empleo/

Future Classroom Lab. (2024). *Estudios de caso del grupo de trabajo sobre aulas interactivas*. European Schoolnet. https://fcl.eun.org/icwg-case-studies

Galiana, P. (2021). ¿Qué es el microlearning? Características y ventajas. *IEBS*. https://www.iebschool.com/blog/que-es-microaprendizaje-innovacion/

García Contador, Y., & Gutiérrez-Esteban, P. (2020). El rol docente en la sociedad digital. *Digital Education Review* (38). https://revistes.ub.edu/index.php/der/article/view/27102

García González, A. (2024). La uberización y superexplotación del trabajo docente en la era digital. *Estudios y Perspectivas. Revista Científica*. https://estudiosyperspectivas.org/index.php/EstudiosyPerspectivas/article/view/259

García-Bullé, S. (2019). *¿Qué es el m-learning? ¿Es una opción viable para la educación del siglo XXI?* Instituto para el Futuro de la Educación del Instituto Tecnológico de Monterrey. https://observatorio.tec.mx/que-es-mobile-learning/

González Rolo, F. J. (2023). *Las 8 metodologías educativas más innovadoras*. Gobierno de Canarias. https://www3.gobiernodecanarias.org/medusa/proyecto/38001553-0006/2023/10/23/las-8-metodologias-educativas-mas-innovadoras/

González-Solaz, M. J. (2022). *Microcredenciales: estado del arte* [Informe técnico]. Universidad CEU Cardenal Herrera.

Han, B. C. (2024). *La sociedad del cansancio*. Herder.

Juárez, E. (2023). Desmitificando el microlearning: Evidencia sobre la retención a largo plazo y el rendimiento académico. *LinkedIn*. https://www.linkedin.com/pulse/desmitificando-el-microlearning-evidencia-sobre-la-retenci%C3%B3n-ju%C3%A1rez-ssxkc/

Letelier Gálvez, M. A. (2020). La comprensión del cerebro y la educación de personas jóvenes y adultas. *Estudios Pedagógicos, 46*(2), 177-191. https://doi.org/10.4067/S0718-07052020000200177

López, H. (21 de marzo de 2024). Familias y escuelas cuestionan la hegemonía del ordenador en la educación: "¿Hace falta tener el portátil todo el día sobre el pupitre?". *El Periódico*. https://www.elperiodico.com/es/sociedad/20240321/familias-escuelas-uso-ordenador-aula-alumnos-profesores-cataluna-99317737

Luna Beltrán, S., & Pedreira García, J. (2017). *Los nativos digitales no existen*. Deusto.

Manzano-León, A., Sánchez-Sánchez, M., Trigueros-Ramos, R., Álvarez-Hernández, J., & Aguilar-Parra, J. M. (2020). Gamificación y Breakout Edu en Formación Profesional. El programa «Grey Place» en Integración Social. *EDMETIC, Revista de Educación Mediática y TIC, 9*(1), 1-20. https://doi.org/10.21071/edmetic.v9i1.12067

Molina, E., y Sánchez Puerta, L. (2024). *¿Cómo motivar a los estudiantes a aprender en la era digital?* Banco Mundial. https://blogs.worldbank.org/es/latinamerica/motivar-estudiantes-aprender-era-digital

Navarro, V., & Di Bernardo, J. (2016). *Una cápsula por semana: estrategia de Microlearning en una asignatura de Medicina*. Biblioteca Facultad de Medicina de la Universidad Nacional del Nordeste.

Prensky, M. (2011). *Enseñar a nativos digitales*. Ediciones SM.

Psicosmart (2024). *El impacto de la microformación en la efectividad de la capacitación en cumplimiento normativo dentro de sectores regulados*. https://psicosmart.pro/articulos/articulo-el-impacto-de-la-microformacion-en-la-efectividad-de-la-capacitacion-en-cumplimiento-normativo-dentro-de-sectores-regulados-198682

Ramírez Vásquez, N., & Rosas Escalona, M. R. (2023). *Escape room como herramienta didáctica en la educación superior*. Instituto para el Futuro de la Educación del Instituto Tecnológico de Monterrey. https://observatorio.tec.mx/edu-bits-blog/escape-room-como-herramienta-didactica-en-la-educacion-superior/

Román, R. (2025). *Teoría de la carga cognitiva para potenciar el aprendizaje del estudiantado*. Instituto para el Futuro de la Educación de Monterrey. https://observatorio.tec.mx/teoria-de-la-carga-cognitiva-para-potenciar-el-aprendizaje-del-estudiantado/

Saldaña Ruiz de Villa, L. (2021). *Métodos y estrategias de aprendizaje en la era digital* (pp. 19-44). Universidad de Valladolid. http://uvadoc.uva.es

Sanz, F. (2024). Usos de la inteligencia artificial en el aprendizaje. *Bibliouned Abierta*. https://blogs.uned.es/bibliounedabierta/2024/11/26/usos-de-la-inteligencia-artificial-en-el-aprendizaje/

Sarrión Moreno, J. R. (2022). Educación 4.0: Formación en la 4ª Revolución Industrial. *OpenWebinars*. https://openwebinars.net/blog/educacion-40-formacion-en-la-4-revolucion-industrial/

Satrústegui Moreno, A., & Mateo González, E. (2023). Mejora del pensamiento crítico en alumnos de ESO a través del Aprendizaje Basado en Problemas en un entorno STEAM. *Revista de Estilos de Aprendizaje*. https://zaguan.unizar.es/record/130426/files/texto_completo.pdf

Siemens, G. (2023). *Conectivismo: evolución y desafíos en la era de la Web 3.0*. Deusto.

Telefónica, equipo de Comunicación (2025). *Beneficios de la educación digital*. https://www.telefonica.com/es/sala-comunicacion/blog/educacion-digital-ventajas/

Trabaldo, S., Mendizábal, V., & González Rozada, M. (2017). Microlearning: experiencias reales de aprendizaje personalizado, rápido y ubicuo. *IV Jornadas de TIC e Innovación en el Aula*. Ponencia. Universidad Nacional de La Plata. http://sedici.unlp.edu.ar/handle/10915/65550

Trivedi, S. (2023). Pequeños pasos hacia un gran conocimiento: Cómo adoptar el microaprendizaje en un entorno de aprendizaje contemporáneo. *Moodle*. https://moodle.com/es/noticias/pequenos-pasos-hacia-un-gran-conocimiento-como-adoptar-el-microaprendizaje-en-un-entorno-de-aprendizaje-contemporaneo/

Tuneu Puig, A. (2023). Microaprendizaje: Dominando habilidades en breves espacios de tiempo. *Mel – Management & eLearning*. https://blogs.uoc.edu/mel/es/microaprendizaje-dominando-habilidades-en-breves-espacios-de-tiempo/

UNESCO (2017). *Educación para los Objetivos de Desarrollo Sostenible: objetivos de aprendizaje*. https://unesdoc.unesco.org/ark:/48223/pf0000252423

Uribarri, J., & Auricchio, G. (2022). El auge de las microcredenciales y su impacto en la educación del futuro. *Nueva Revista*. https://www.nuevarevista.net/el-auge-de-las-microcredenciales-y-su-impacto-en-la-educacion-del-futuro/

Vargas Zúñiga, F. (Coord.). (2015). *La certificación de competencias en el marco de las políticas de empleo y formación*. OIT/Cinterfor. http://www.oitcinterfor.org

Vorecol (2024). *Efectos de la microaprendizaje en el aprendizaje colaborativo de habilidades blandas en entornos virtuales*. https://vorecol.com/es/articulos/articulo-efectos-de-la-microaprendizaje-en-el-aprendizaje-colaborativo-de-habilidades-blandas-en-entornos-virtuales-194589

Zabala, M. (2021). *Ser padres en la era digital*. Plataforma Editorial.

COLECCIÓN "GUÍAS PARA LA FORMACIÓN"

Aquí puede consultar la información de todos los títulos publicados en esta Colección.